VIE ET MIRACLES

DE

SAINT BENOIT

MOINE ET FONDATEUR

DE L'ORDRE DES BÉNÉDICTINS

PAR

JOSEPH BOUCARD

TOURS

ALFRED MAME ET FILS

ÉDITEURS

VIE ET MIRACLES

DE

SAINT BENOIT

3e SÉRIE IN-12

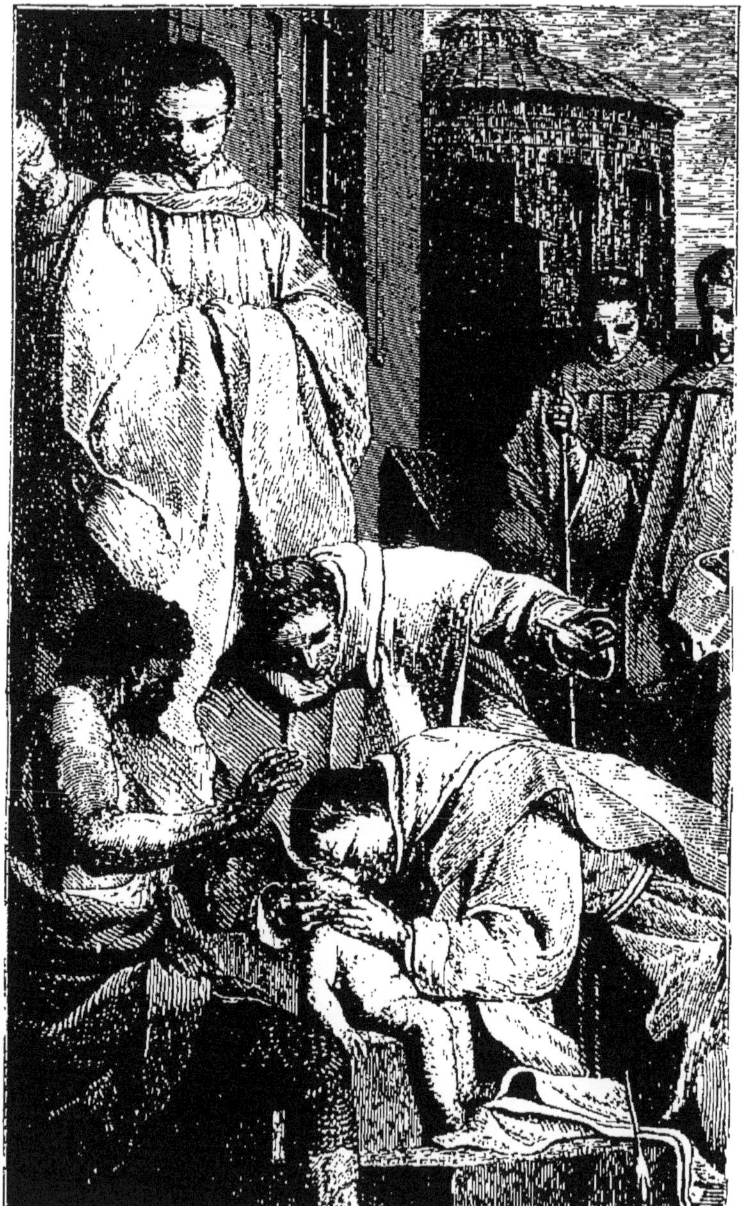

Saint Benoît ressuscitant un enfant mort.

VIE ET MIRACLES

DE

SAINT BENOIT

MOINE ET FONDATEUR

DE L'ORDRE DES BÉNÉDICTINS

PAR

JOSEPH BOUCARD

TOURS

ALFRED MAME ET FILS, ÉDITEURS

—

1896

DÉDICACE

Je dédie ce livre à tous ceux auxquels je suis attaché par les liens du sang, de la reconnaissance et de l'amitié.

Je n'oublie pas non plus mes chers défunts, dont la mémoire m'est précieuse aux mêmes titres.

Que saint Benoît protège les vivants et intercède pour les morts auprès de Dieu.

JOSEPH BOUCARD.

Paris, 1er mai 1895.

VIE ET MIRACLES

DE

SAINT BENOIT

I

PRÉLIMINAIRES

Faire le récit simple et sans grandes phrases de la vie et des miracles de saint Benoît, tel est le but du livre que nous publions aujourd'hui.

La vie de l'illustre fondateur de l'ordre des Bénédictins est assez éloquente par le silence de sa solitude, elle est assez grande dans son humilité et assez belle par elle-même et par les nombreux miracles qui en consacrent la sainteté, sans qu'il soit utile de la rehausser par les artifices du discours et de la décorer de fleurs de rhétorique.

Tout est surhumain dans l'existence de ce saint patriarche. La terre, le monde n'existent que pour lui inspirer le mépris; il ne voit que Dieu, il est continuellement en sa présence pour l'adorer, le contempler et s'humilier devant lui.

Quand la chair se fait sentir, il la châtie cruellement et lui impose silence à tout jamais.

Il n'a qu'une préoccupation : le salut de son âme.

Pour la soustraire aux séductions corruptrices du monde, pour lui conserver sa pureté virginale, adolescent de quatorze ans, presque encore un enfant, le jeune Benoît s'enfuit de Rome, où il fait ses études et où sa vertu court les plus grands dangers. Il quitte et abandonne tout : parents, amis, fortune, brillant avenir; il va s'enfermer dans une grotte inaccessible aux hommes. Ne pensant qu'à Dieu, uniquement préoccupé de son âme, il oublie totalement son corps.

Une main invisible qu'il connaît cependant, puisque c'est elle qui l'a conduit dans sa solitude, lui fait parvenir deux fois par semaine quelques morceaux de pain qui semblent descendre du ciel.

Il passe ainsi trois ans dans cette grotte, ignoré de tous.

A dix-sept ans, il fonde douze couvents, qu'il gouverne lui-même; à cet âge, il est conducteur d'hommes dans les voies de Dieu, il dirige les âmes, « car, dit saint Grégoire, dès sa jeunesse Benoît a le cœur et la sagesse d'un vieillard. »

C'est ainsi qu'il conçoit et qu'il écrit sa règle, qui, selon encore saint Grégoire, est, avec sa vie elle-même, son plus grand miracle, règle admirable par sa prudence, sa discrétion et sa douceur.

Avec une précision de détails merveilleuse, il indique, soit aux abbés, soit à ceux qui sont investis de fonctions, soit aux simples religieux et aux modestes frères, ce qu'ils ont à faire, les vertus qu'ils doivent pratiquer pour arriver eux-mêmes à la perfection et y conduire les âmes dont ils sont chargés. Il leur indique les moyens de vivre saintement et d'être toujours avec Dieu.

Avec une perspicacité parfaite, il prévoit les faiblesses humaines des religieux et les assauts acharnés que leur livrera l'ennemi mortel pour les éloigner de Dieu. Il indique le remède à tout, presque à chaque cas particulier.

Il suffira de la lire, cette règle, pour être épris de sa beauté et pour en admirer la miraculeuse prévoyance.

Après soixante-trois ans passés sur cette terre, dont quarante-neuf consacrés entièrement à Dieu, Benoît fait son entrée dans le ciel et y reçoit la récompense que lui ont méritée ses vertus et son grand amour de Dieu.

Voilà, esquissée à grands traits, la vie dont nous allons faire le récit.

Dans ce livre, nous nous bornons à raconter la vie et les miracles de saint Benoît. C'est, sans doute, le plus beau et le plus grand côté de l'existence du saint patriarche.

Mais sa sainteté n'est pas le seul titre qu'il ait à notre admiration et à notre vénération : il en a d'autres très nombreux que nous étudions, et que nous exposerons dans un autre ouvrage auquel nous travaillons.

Saint Benoît est une des plus grandes figures du christianisme. Il est certainement au premier rang dans l'Église militante. Nul

Saint Benoît en oraison.
(D'après le tableau de Restout.)

mieux que lui et ses disciples n'ont défendu les droits et la doctrine de l'Église, nul n'a plus contribué à la glorification du nom de Dieu dans le monde.

Il est vrai de dire que le vénérable père des Bénédictins n'a pas été le créateur de la vie monastique. Avant lui il y a eu des monastères et des couvents où ont vécu saintement des moines et des religieux. S'il n'en a pas été le créateur, il en a été du moins le rénovateur, et on peut même dire le véritable fondateur.

Le premier, saint Benoît, par sa règle, a unifié la vie religieuse, il a synthétisé toutes les règles éparses et souvent disparates qui régissaient les couvents et les monastères; il a exposé des bases fixes, formulé des principes immuables qui sont, aujourd'hui encore, comme les fondements sur lesquels s'élèvent les communautés religieuses. Cette règle admirable est, en effet, le prototype de celles qui ont régi depuis et qui régissent actuellement les congrégations de tout genre d'hommes et de femmes.

C'est en obéissant à cette règle que depuis quinze cents ans la légion des disciples de saint Benoît brave les injures et des temps et des hommes; depuis quinze siècles elle résiste aux orages et aux tempêtes, elle survit aux révolutions sociales et politiques. Elle marche en avant sans s'arrêter, sans regarder autour d'elle, et, à voir sa virilité, on ne se douterait pas qu'elle ait quinze cents ans d'existence.

Comme le dit saint Grégoire, saint Benoît était rempli de l'esprit de tous les justes. Chacun de ses actes rappelle de saints personnages de l'Ancien et du Nouveau Testament.

Il est un second Moïse, quand il dicte sa règle et qu'il fait jaillir l'eau d'un rocher.

Il est un autre Élisée, quand il fait remonter la masse de fer hors des eaux profondes du lac.

Lorsqu'il ordonne à son disciple Maur de marcher sur les eaux, pour sauver le jeune Placide qui se noie, ne pense-t-on pas à saint Pierre ?

N'est-il pas un second Élie, quand il commande au corbeau ?

Et enfin, n'est-il pas également un autre David, quand il pleure amèrement la mort tragique de son cruel ennemi, le prêtre Florentius ?

Bien plus encore, celui qui lira les détails de cette sainte existence et qui y portera une religieuse attention, verra clairement que la vie monastique de saint Benoît est comme un miroir dans lequel se reflète la vie humaine de Jésus-Christ.

En effet, comme le Sauveur du monde, Benoît est de haute origine.

La grotte de Sublaco, où il est venu à la vie monastique, est bien un second Bethléhem pour sa pauvreté et son dénuement.

Jésus avait été soustrait au massacre des innocents par un avertissement de Dieu, Benoît a échappé par un avertissement du Ciel à une tentative d'empoisonnement dirigée contre lui.

Comme Jésus, il a une vie cachée et une vie publique, et dans sa vie publique, comme son divin modèle, il a fait des miracles: il a ressuscité les morts, chassé les démons, multiplié les vivres qui manquaient; il a eu son Judas, il a prédit le jour de sa mort, et encore, comme son divin modèle, il est mort le corps droit, élevé entre la terre et le ciel.

C'est ainsi que, dès cette vie, Dieu a voulu récompenser son fidèle serviteur, comme Jésus-Christ récompensa la pieuse et sainte

Véronique en laissant l'empreinte de sa face divine sur le linge dont elle se servit pour essuyer son front couvert de sueur et de sang, alors qu'il montait au Calvaire en portant sa croix.

Par le rapide aperçu que nous venons de donner, on doit voir qu'on n'a pas à chercher le moindre artifice pour provoquer l'admiration et le respect envers saint Benoît, il suffit d'exposer sa vie telle qu'elle est, ou bien il suffit de lire et de bien comprendre sa règle. Sa vie en est le corollaire, la mise en pratique, et les nombreux miracles qui la décorent en sont la sanction.

Pour donner une très faible idée de cette règle admirable, nous dirons ceci : elle est principalement fondée sur le silence, la solitude, non pas seulement la solitude du corps, mais aussi et surtout la solitude de l'âme et de l'esprit.

Elle est fondée également sur l'abandon complet de soi-même à Dieu, sur l'obéissance, la prière et principalement enfin et par-dessus tout, sur l'humilité.

Saint Benoît attachait un grand prix à la vertu d'humilité.

Par son importance et sa beauté, la règle de Saint-Benoît mérite une étude spéciale qui nous obligerait à sortir du cadre modeste où nous nous sommes renfermé en publiant ce livre ; nous nous réservons pour plus tard.

Toutefois, pour faire comprendre à nos lecteurs la valeur exceptionnelle que le grand patriarche du Mont-Cassin attachait à la vertu d'humilité, nous dirons tout de suite qu'il en déterminait douze degrés, qui sont :

1° Susciter une vive componction de cœur, craindre Dieu et ses jugements, marcher sans cesse humilié en la divine présence ;

2° Renoncer parfaitement à sa volonté propre ;

3° Obéir promptement et sans réserve ;

4° Supporter patiemment les souffrances et les injures ;

5° Découvrir humblement ses plus secrètes pensées à son supérieur ou à son directeur ;

6° Être content et se réjouir dans les humiliations, se plaire à exercer les plus bas ministères, à porter des habits pauvres, etc., aimer la simplicité et la pauvreté, se regarder comme un mauvais serviteur dans tout ce qui est ordonné;

7° S'estimer le plus misérable, le dernier des hommes, le plus grand de tous les pécheurs;

8° Éviter la singularité dans ses paroles et ses actions;

9° Aimer et observer le silence;

10° Se garder d'une vive joie et d'un rire immodéré;

11° Ne pas parler d'une voix haute et observer les règles de la modestie dans toutes ses paroles;

12° Être humble dans toutes ses actions extérieures, avoir les yeux baissés vers la terre à l'exemple de Manassès pénitent et du publicain de l'Évangile.

Voilà les différents degrés de la parfaite humilité.

Et saint Benoît ajoute que « lorsqu'on aura acquis les douze degrés de cette grande vertu, on arrivera à cette charité qui bannit la crainte. »

Le grand patriarche appelle son ordre une école où on apprend à aimer Dieu et à le servir.

« Effectivement, dit un pieux auteur, le but de la règle de Saint-Benoît est de former de parfaits adorateurs. Mais, comme l'exemple ajoute une force merveilleuse aux préceptes, il en exprimait et la lettre et l'esprit dans toute sa conduite. »

Dieu, qui l'avait choisi comme un autre Moïse, continue le même auteur, pour conduire un peuple d'élus dans la vraie terre promise, donna une grande autorité à sa mission par le don des miracles et par celui des prophéties. La nature docile lui obéissait, et les choses futures se dévoilaient à ses yeux.

II

RÉPONSES

Avant de commencer le récit de la vie et des miracles de saint Benoît, nous tenons à aller au-devant des critiques et à répondre préalablement aux observations qui ne manqueront pas de nous être faites.

Nous espérons qu'elles seront réduites à deux :

La première portera sur la critique historique.

La seconde, sur la facilité avec laquelle nous avons accepté des miracles, sans songer que quelques-uns pourraient bien n'être que de pieuses légendes.

Que nos honorables juges, pour lesquels nous avons le plus grand respect, et dont le jugement a pour nous une grande valeur, veuillent bien ne pas perdre de vue le but modeste que nous voulons atteindre en écrivant cet ouvrage.

Notre intention n'est pas de faire l'histoire de saint Benoît, c'est-à-dire faire connaître la vie du saint par les circonstances de lieux et de faits extérieurs qui l'ont entouré sans l'atteindre, pas plus qu'en décrivant le milieu et l'air ambiant où le saint a passé les soixante-trois années de sa vie.

Ce que nous avons voulu, c'est faire connaître la vie intime, exclusivement religieuse et monacale, du saint fondateur de l'ordre des Bénédictins, en un mot, ce que saint Grégoire, dans son langage magistral par sa noble simplicité, désigne par : *secum,* c'est-à-dire la vie la plus solitaire du plus parfait solitaire.

Nous l'avons vu, notre saint Benoît, uniquement dans sa solitude de Sublaco et ensuite dans ses monastères, au milieu de ses religieux, les dirigeant, les surveillant, les admonestant, les fortifiant, nous l'avons vu luttant corps à corps avec l'esprit malin, détruisant, par des miracles éclatants, les maléfices plus qu'extranaturels qu'il dirigeait contre les hommes de Dieu.

Nous avouons qu'au point de vue où nous nous sommes placé, nous ne nous sommes préoccupé de la critique historique que dans une mesure très restreinte. Nous nous sommes contenté de nous assurer de la date exacte de la naissance et aussi de celle de la mort de saint Benoît. Or tous les écrivains s'accordent à dire que Benoît vint au monde en 480. Quant à la date de sa mort, fixée au 21 mars 543, nous savons qu'elle est discutée, sinon pour l'année, du moins pour le mois et pour le quantième.

Ne voulant pas sortir du cadre où nous nous sommes renfermé, nous avons passé cette controverse sous silence. Nous avons adopté la date du 21 mars, qui est la date la plus généralement admise; c'est celle aussi qu'a adoptée le savant bénédictin E. Cartier, traducteur des dialogues de saint Grégoire.

C'est à peine si nous disons un mot sur l'état des mœurs à Rome, à l'époque où Benoît y faisait ses études. Nous n'en faisons entrevoir que juste assez pour justifier la crainte du saint adolescent pour le salut de son âme.

Nos honorables et distingués critiques comprendront le mobile de notre réserve.

Nous avons pensé, et nous pensons encore, que cette étude doit être faite, tout en y mettant beaucoup de tact et de discrétion, surtout une grande dignité de langage; mais elle trouvera bien mieux sa place dans *l'histoire* que dans *la vie* de saint Benoît.

Par conséquent, à notre humble avis, telle que nous concevons notre œuvre dans sa modestie, la critique historique ne peut trouver une place digne d'elle.

Quant aux miracles dont nous faisons le récit, nous les avons pris tous sans exception dans le second des dialogues de saint Grégoire le Grand, consacré tout entier à la vie de saint Benoît. Nous en avons rajeuni le récit, mais nous en avons respecté religieusement le fond.

De plus, nous nous sommes servi de la traduction de l'éminent bénédictin dom E. Cartier.

Nous savons que quelques critiques regardent ces dialogues comme apocryphes.

Nous n'avons pas recherché sur quoi se basait leur opinion. Les auteurs les plus graves reconnaissent l'authenticité de ces dialogues, et ce n'est pas dans un modeste livre, destiné à l'édification des familles chrétiennes, que l'on doive démontrer *ex professo*, par d'interminables discussions, l'inanité des insinuations de quelques rares esprits.

Ces miracles, nous les avons tous admis, nous en avons fait le récit sans en excepter un seul, pour deux raisons qui nous paraissent excellentes l'une et l'autre.

La première, la voici :

Pour quel motif aurions-nous admis tel miracle et rejeté tel autre ?

Saint Grégoire le Grand nous offre toutes les garanties de véracité désirables, il doit être pour nous une autorité de premier ordre.

Il fut disciple de saint Benoît, quoique ne l'ayant pas connu de son vivant. Les faits miraculeux qu'il nous a transmis lui ont été racontés par des religieux qui en furent les témoins, et en la parole desquels saint Grégoire, un savant et un esprit très éclairé, a eu pleinement confiance.

Si, parmi les miracles qu'il raconte dans son second dialogue, il s'en fût trouvé un seul qui lui eût paru douteux, ou il l'eût passé sous silence, ou il eût fait des réserves en le racontant.

Et ce qui nous confirme absolument dans notre opinion, c'est que saint Grégoire déclare qu'il ne nous fait pas le récit de tous les miracles rapportés par les disciples du saint qui en ont été les témoins. Il ne rapporte que les plus éclatants; il les regarde donc comme vrais et authentiques, il nous en fait le récit, il n'oublie aucun détail, il précise la moindre des circonstances, et cela dans un style sobre qui rappelle le style de l'Évangile.

La seconde raison qui nous a engagé à ne pas faire la plus minime suppression, c'est que les miracles qui ne sont pas en opposition directe aux maléfices de l'esprit méchant sont, pour chacun d'eux, une application par le fait de la règle du saint patriarche dictée à ses religieux; par conséquent, ils sont un enseignement d'abord et un encouragement ensuite.

Autant que nous le pourrons, nous appellerons l'attention de nos lecteurs sur la règle du saint lorsque nous ferons le récit d'un miracle. Mais, d'ores et déjà, nous signalons cette particularité d'une manière générale.

Voilà pourquoi nous avons admis, sans en excepter un seul, tous les miracles que nous a transmis saint Grégoire.

Une autre objection pourra nous être faite. C'est celle-ci :

Quelques-uns de ces miracles ne sont plus ni de notre temps ni de notre époque ; il est à craindre que le récit provoque le sourire du doute et peut-être de l'ironie. Mais alors c'est la suppression de la vie des saints, c'est la négation de la puissance de Dieu, et c'est l'anéantissement de ce qu'il y a de plus beau, de plus touchant dans notre sainte religion. Le livre que nous écrivons n'est pas destiné aux sceptiques de cette fin de siècle, il est pour ceux qui croient, et nous espérons que le nombre en est considérable.

Du reste, pour finir sur cette question, nous dirons sincèrement, sans fausse modestie, que, malgré nos efforts, nous n'avons pas la prétention d'avoir produit une œuvre parfaite. Nous savons que nous avons besoin de l'indulgence des esprits éclairés. Nous leur demandons de ne pas nous la refuser.

Nous les prions de voir surtout notre bonne volonté et de tenir compte du grand désir que nous avons de voir le saint nom du grand fondateur de l'ordre des Bénédictins sortir de l'oubli où l'ingratitude et aussi l'indifférence des hommes le tiennent depuis trop longtemps. Notre satisfaction sera grande si nous pouvons contribuer à ce que les hommages qui sont dus à ce grand saint lui soient enfin rendus.

III

NAISSANCE DE BENOIT ET DE SA SŒUR SCHOLASTIQUE
SÉJOUR A ROME

A Norcia[1], jolie petite ville de l'Ombrie, en Italie, vivaient très chrétiennement les époux Eutrope et sa femme Abondancia.

Eutrope était un des principaux personnages de la province par sa grande fortune et la noblesse de son origine : il descendait des Onicius, famille célèbre qui avait donné plusieurs consuls à la république romaine.

Son épouse Abondancia était également de famille noble : elle descendait des seigneurs de Nursie.

[1] Le présent ouvrage étant surtout un livre populaire, nous réservons pour l'*Histoire de saint Benoit*, que nous préparons, les détails topographiques, géographiques et tous autres qui ralentiraient la marche du récit sans grand intérêt pour les lecteurs auxquels ce volume est destiné.

A la noblesse de la naissance ils ajoutaient la noblesse du cœur, et, ce qui avait un bien plus grand prix, ils étaient l'un et l'autre de fervents chrétiens.

A cette époque, à Rome et aussi dans toute l'Italie, la religion catholique était en honneur dans les grandes familles.

Ces pieux époux demandèrent à Dieu de bénir leur union, lui promettant d'élever leurs enfants dans son amour et d'en faire de bons chrétiens. Dieu combla surabondamment leurs vœux. Le même jour ils eurent la joie de voir naître un garçon et une fille.

Au garçon, ils donnèrent le nom de Bénédictus, qui signifiait Béni; nous, Français, nous le traduisons par Benoît.

Comme le père, dans le transport de sa joie, et aussi pour accomplir sa promesse, voua sa fille à Dieu immédiatement après sa naissance, il lui donna le nom de Scholastica, qui signifie écolière, car elle était destinée à l'école de Dieu.

Ces deux noms : Bénédictus et Scholastica, exprimaient très exactement les sentiments qui animaient ces pieux parents à la naissance de leurs deux enfants.

Comme on le verra dans le cours de ce récit, saint Benoît et sainte Scholastique ont eu le même sein pour les porter, ils ont conformé leurs vies à la même règle et ont été ensevelis dans le même tombeau. Dieu, qui les avait unis dès leurs berceaux, n'a pas voulu les séparer dans la tombe.

Hélas ! la mort vint jeter son voile de deuil sur cette famille. La mère mourut des suites de l'enfantement, peu de jours après la naissance de ses deux enfants.

Eutrope supporta cette douloureuse séparation avec une résignation toute chrétienne. Il dut confier chacun de ses deux enfants à une nourrice étrangère. A les choisir l'une et l'autre, il mit le plus grand soin.

La nourrice à laquelle Benoît fut confié s'appelait Cyrille.

Cyrille eut pour Benoît le dévouement et la sollicitude d'une mère. Très bonne chrétienne, elle veilla avec le même soin et la même tendresse, et sur son corps, pour le garantir des maladies et des accidents, et sur son âme, pour lui conserver sa pureté.

Benoît la récompensait par une grande confiance et une sincère et vive affection.

Le futur fondateur de l'ordre des Bénédictins fut, dès ses années les plus tendres, remarquable par la précocité de son intelligence, et aussi, on peut même dire, surtout par le sérieux de son caractère.

Doué d'une jolie physionomie d'enfant, chez lui la beauté physique se développa et progressa avec les années. A vingt ans, nous dit saint Grégoire, Benoît était de grande taille, bien proportionné, d'une belle figure, d'une physionomie mâle, ouverte et en même temps pleine de douceur. S'il fût resté dans le monde, riche, beau et de grande famille, il eût eu ce que l'on est convenu d'appeler du succès.

La beauté de son âme suivait la même progression ascendante que sa beauté physique. Guidé et élevé par Cyrille, sous les yeux de son père, sa foi religieuse grandissait, son âme se fortifiait, et de très bonne heure il eut l'énergie nécessaire et voulue pour les grandes résolutions.

A Norcia, où il n'y avait que des écoles élémentaires, les moyens d'instruction étaient très limités. Comme nous l'avons dit, Benoît était d'une précocité exceptionnelle : à sept ans il savait tout ce qu'il pouvait apprendre dans les écoles primaires.

Son père dut l'envoyer à Rome pour continuer ses études. Tout naturellement Cyrille l'accompagna afin de pourvoir à ses besoins, lui donner les soins de toute nature que réclamait son âge; en un mot, veiller sur lui.

A cette époque, une grande immoralité régnait à Rome dans tous les rangs de la société, surtout parmi les jeunes gens des écoles, qui étaient très nombreux.

A ceux d'entre eux qui voulaient se garantir de la contagion, il fallait une grande énergie de caractère et une grande force de volonté. Il n'existait pas, comme de nos jours, d'œuvres de préservation. Chacun se défendait, se garantissait de la contagion du mal comme il pouvait.

A mesure que son séjour à Rome se prolongeait, Benoît sentait grandir en lui la crainte de perdre son âme. Les dangers qu'elle courait et les pièges qui étaient tendus à sa vertu se multipliaient de jour en jour. Il en éprouva un véritable effarement.

Malgré sa grande énergie et sa force de

volonté presque surhumaine, il était, suivant la comparaison de saint Grégoire, comme la timide colombe qui se voit guettée par le cruel vautour prêt à se précipiter sur elle pour la ravir et la dévorer. Il ne se sentait complètement rassuré que lorsqu'il avait Cyrille près de lui; elle était son ange gardien. Aussi ne s'en séparait-il que pour peu de temps, et lorsqu'il ne pouvait pas faire autrement.

Quand il se rendait aux cours de ses professeurs, elle l'accompagnait jusqu'à l'entrée et allait le chercher à sa sortie. Il rentrait directement chez lui et à la hâte, on ne le voyait jamais circuler inutilement dans les rues de Rome.

Malgré toutes ces précautions et toutes ces mesures de prudence, l'ennemi ne se lassait pas de faire le siège autour de lui : il cherchait à s'emparer de cette forteresse de vertu. Plus elle lui paraissait imprenable, plus il la serrait de près pour tâcher de s'en rendre maître : il aurait été fier d'une aussi grande victoire s'il avait pu terrasser le jeune Benoît et le faire tomber dans ses embûches.

Il livra contre lui un dernier assaut qui devait être décisif : il trouva moyen d'attirer ses regards sous les traits d'une femme d'une beauté rare et pleine de séduction. Par un sourire, cette femme tenta d'allumer l'incendie dans son cœur.

Nous verrons bientôt, dans le cours de ce récit, que la physionomie séduisante de cette Phryné lui revint à l'imagination alors qu'il était dans la grotte de Sublaco. Il faillit même succomber cette fois. Il ne dut son salut qu'à un acte héroïque que Dieu lui inspira.

La vue de cette femme jetait le trouble et l'épouvante dans l'esprit de Benoît. Il ne voulut pas que son âme fût exposée plus longtemps à d'aussi grands périls. Renonçant sans regret à l'avenir brillant qui s'ouvrait devant lui, aimant mieux ne pas achever son instruction et être même complètement ignorant que de savoir beaucoup, occuper les plus hautes situations et perdre son âme, malgré les objections de Cyrille, il voulut à tout prix s'éloigner de Rome. Il quitta cette ville de perdition pour ne plus y revenir jamais.

Les plus pressantes sollicitations de Cyrille ne purent le faire revenir sur sa décision. Ce que voyant, elle lui déclara qu'elle ne le quitterait pas et qu'elle le suivrait partout où il irait.

Ils partirent donc de Rome, sans bien savoir encore de quel côté ils se dirigeraient.

Ils arrivèrent en un lieu appelé Enfide, où des personnes honorables leur donnèrent une pieuse hospitalité. Ils restèrent plusieurs jours dans cette famille, qui était très chrétienne et pratiquait la charité. La maison était à còté d'une église dédiée à saint Pierre.

Là s'accomplit le premier miracle de Benoît[1].

Dans la pièce de la maison où tout le monde se réunissait pour les repas, il y avait une grande table, et sur cette table on avait posé provisoirement un grand crible en terre à vanner le blé. Cyrille et quelques

[1] Ce miracle est rapporté par saint Grégoire dans le chapitre I de son IIe dialogue.

Comme nous l'avons dit dans notre chapitre II, tous les miracles dont nous faisons le récit dans cet ouvrage ont été racontés par saint Grégoire; il sera donc inutile d'en rappeler la source au récit de chacun d'eux.

personnes de la maison causaient ensemble. Tout en causant, Cyrille, par distraction, comme cela arrive souvent, toucha le vase, le fit remuer, et finalement le crible tomba à terre et se brisa en deux.

La pauvre Cyrille ne fut pas seulement désagréablement surprise et désappointée de cet accident, elle en eut de plus un véritable chagrin.

Benoît rentra quelques instants après. Il sut ce qui venait de se passer. Il vit que Cyrille était très peinée d'avoir cassé le crible de ces braves gens, si bons et si hospitaliers. Il fut ému de la douleur de sa nourrice, qu'il aimait comme une mère.

Sans rien dire, il prit les morceaux du crible et se retira pour être seul et prier.

Un instant après, il revint au milieu de ceux qui étaient réunis, et, remettant le crible à Cyrille, il lui dit :

« Ne pleure plus, Dieu te l'a remis à neuf. »

En effet, le crible était si bien raccommodé, qu'il était impossible de découvrir l'endroit de la cassure.

Cyrille et les habitants de la maison, témoins de ce miracle, louèrent Dieu avant toute chose; puis ils voulurent, non seulement remercier, mais encore honorer ce jeune homme de quatorze ans, qui était si puissant auprès de Dieu, qu'il en obtenait des miracles.

En souvenir de ce fait merveilleusement éclatant et par reconnaissance envers Dieu, les bons habitants de la maison suspendirent le crible à la porte de l'église. Il y resta exposé à la vénération de tous pendant plus de cent ans, c'est-à-dire jusqu'à l'invasion des Lombards, qui ravagèrent la contrée et réduisirent l'église en ruines.

Les éloges, les témoignages de reconnaissance et les marques d'admiration se prolongeaient beaucoup trop. Benoît en éprouva une grande contrariété; sa profonde humilité s'en trouva offensée.

Pour se dérober à toutes ces ovations, pour compléter son sacrifice et se consacrer uniquement au salut et à la sanctification de son âme qu'il venait d'arracher à de grands dangers, il pensa que le moment était venu de se détacher complètement de tout ce qui le retenait au monde.

Abandonnant Cyrille et ses hôtes si hospitaliers, renonçant à la joie de revoir son père et sa sœur, sacrifiant à Dieu les douceurs de la vie de famille, un matin il se déroba. Il ne dit rien à personne, ne laissa rien soupçonner de sa résolution ni de la direction qu'il prendrait, et se rendit à Sublaco.

Ainsi se termina la première phase de la vie de ce grand saint. Il mourut volontairement au monde pour entrer dans la vie monastique, qui est la voie la plus sûre pour arriver à la vie bienheureuse que Dieu promet à ses élus pour l'éternité.

Dès son premier miracle, saint Benoît a pratiqué les vertus qu'il a recommandées à ses disciples et qui forment la base de sa règle.

En effet, il a fait acte de justice et de reconnaissance envers ses hôtes en réparant le dommage qu'ils venaient d'éprouver.

Il a exercé sa charité envers Cyrille en la consolant.

Enfin, il a donné un haut témoignage de son humilité en se soustrayant aux éloges qui lui étaient adressés.

Il ne pouvait pas faire une plus brillante entrée dans la vie religieuse qu'il embrassa.

IV

BENOIT A SUBLACO

Voilà donc Benoît faisant son entrée dans la vie monastique et commençant cette existence éminemment sainte qui en fit une des lumières les plus pures et les plus éclatantes du catholicisme.

Il serait intéressant de savoir quelles furent, après le départ clandestin de Benoît, les impressions de Cyrille et des gens hospitaliers qui l'avaient abrité sous leur toit pendant plusieurs jours. Il ne serait pas indifférent non plus de connaître ce qui se passa entre Cyrille et Eutrope , si toutefois Cyrille rentra à Norcia. Saint Grégoire, qui pourrait seul nous renseigner sur ces deux questions, n'en dit pas un mot; il n'y fait même pas la plus petite allusion. Nous ne pouvons donc satisfaire la très compréhensible curiosité de nos lecteurs; nous en sommes réduits à des conjectures.

Le rôle de l'historien ou du biographe n'est pas de suppléer par l'imagination aux documents qui lui manquent. Néanmoins, quand, à une époque obscure comme celle où vécut saint Benoît, un auteur est arrêté par une lacune ou une solution de continuité dans les sources auxquelles il puise, il lui est bien permis d'y suppléer et de combler le vide par la méthode dite de présomption, surtout quand la logique nous conduit à une probabilité si évidente et si naturelle, qu'elle est presque une certitude.

Il n'est pas hasardé, en effet, de dire qu'après le départ subit et imprévu de Benoît, les choses ont dû se passer tout naturellement de la manière suivante :

Cyrille éprouva une vive douleur au premier moment où elle constata l'absence de son enfant d'adoption. Elle l'avait vu naître, elle l'avait nourri de son lait, elle l'avait élevé, elle l'avait entouré des soins les plus minutieux; en un mot qui résume tout, elle lui avait servi de mère dans toute la plénitude de la signification du mot, c'est-à-dire qu'elle fut une mère tendre, dévouée et prête à tous les sacrifices.

De son côté, Benoît aimait Cyrille comme un fils sa mère, cela suffit pour tout expliquer.

On peut donc dire, sans crainte de se tromper, que Cyrille au premier moment ne put retenir ses larmes. Les bons habitants de la maison partagèrent son chagrin. Ils étaient eux-mêmes saisis d'un étonnement mêlé de stupeur.

Ce qui augmentait la peine de tous, c'était l'incertitude et même l'ignorance complète où ils étaient du lieu où s'était réfugié le jeune homme.

Cyrille se mit aussitôt en mesure de rentrer à Norcia pour annoncer à Eutrope ce qui venait de se passer.

Au récit de Cyrille, Eutrope garda le silence pendant un long moment, comme pour se recueillir. Puis, dans l'ardeur de sa foi, il dit en paraphrasant cette belle parole du saint homme Job :

« Dieu me l'avait donné, Dieu me le reprend pour le consacrer entièrement à son service : que son saint nom soit béni ! »

Scholastique, qui n'avait pas quitté la maison paternelle, quand elle entendit le récit de Cyrille, prit un air grave, se recueillit et garda le silence. Elle prit intérieurement la résolution de rejoindre son frère aussitôt qu'elle le pourrait, comme lui, de se consacrer à Dieu, et, comme lui encore, de vivre dans la solitude.

Benoît, s'étant dérobé à sa nourrice et aux habitants de la maison où il venait de recevoir l'hospitalité, se dirigea vers les montagnes de Sublaco.

Sainte Hildegarde assure, dans ses révélations, qu'il y fut conduit par deux anges qui l'avaient aussi tiré de Rome.

Le saint jeune homme prit cette direction parce qu'il avait entendu dire que, au milieu de ces montagnes, des religienx vivaient très saintement dans un monastère.

En effet, il y avait à Sublaco un couvent de moines dirigé par l'abbé Adéodat.

L'un de ces moines, nommé Romain, rencontra le jeune Benoît, qui semblait s'être égaré dans ces gorges et chercher à s'orienter dans ces défilés. Il entra en conversation avec lui : il lui demanda son nom, de quelle famille il était, ce qu'il faisait et où il allait. Benoît, après avoir répondu à toutes ces questions, fit connaître son intention bien arrêtée de se retirer dans une solitude et de se consacrer à la vie religieuse.

Romain lui fit connaître les devoirs de l'état qu'il voulait embrasser. Il ne lui en dissimula pas les rigueurs, mais il lui en fit connaître les consolations, et surtout le bien qu'il en retirerait pour son âme.

Benoît lui déclara qu'il était prêt à les accomplir.

Romain le revêtit d'un habit religieux et le conduisit dans une grotte ou caverne très cachée et presque inaccessible.

Ce jeune homme de quatorze ans s'y enferma résolument; il sembla heureux de se soustraire à jamais aux dangers et aux séductions coupables du monde; il ne songea même pas à s'enquérir comment il pourrait nourrir son corps au milieu de ces rochers arides, il ne pensait qu'à son âme. Romain y pourvut dans une faible mesure.

Benoît resta trois ans ainsi enfermé dans cette caverne, complètement ignoré. Romain, qui seul la connaissait, gardait sur sa retraite

Vue de Sublaco.

le plus grand secret. Une ou deux fois par semaine il prenait, suivant l'expression de Bossuet, une portion de son jeûne, et, en cachette, allait la porter au saint jeune homme. Il ne parvenait pas jusqu'à la grotte, probablement pour ne pas éveiller les soupçons. Il attachait les morceaux de pain au bout d'une corde à laquelle il adaptait une sonnette, et, du haut du rocher qui dominait la grotte, il faisait descendre le pain en agitant la sonnette. Ainsi averti, Benoît le recevait et s'en nourrissait après l'avoir béni.

Le démon commença dès lors ses méchantes manœuvres contre le jeune religieux. Il voyait avec un grand mécontentement et un vif dépit que Benoît s'affermissait de jour en jour davantage dans sa résolution de vivre seul en la présence de Dieu, et qu'il en éprouvait une grande joie. Il fit plusieurs tentatives pour l'en détourner.

Un jour que Romain faisait descendre le pain, la sonnette fut brisée comme par un coup de pierre. Romain ne se découragea pas pour cela: il continua sa pieuse et charitable manœuvre pour faire arriver à son jeune frère la très modeste nourriture qu'il pouvait lui procurer.

Après trois ans que dura cette vie cachée de son serviteur, Dieu voulut qu'elle fût enfin connue pour l'édification des hommes.

Voici, suivant la belle et naïve comparaison de saint Grégoire, comment « il plaça la lumière sur le chandelier, afin qu'elle éclairât tous ceux qui sont dans la maison du Seigneur ».

A Monte-Preclaro, localité assez éloignée de Sublaco, quoique dans la même région, il y avait un prêtre séculier qui desservait l'église. Le jour de Pâques, pour célébrer la fête de la résurrection de Notre-Seigneur, le pieux pasteur se préparait un repas moins frugal qu'à l'ordinaire.

Dieu se manifesta à lui en lui faisant entendre sa voix pour lui dire :

« Tu te prépares un bon repas, et mon serviteur Benoît souffre de la faim dans sa retraite. »

A cette révélation, le vénérable prêtre n'hésita pas, il prit les aliments et partit tout aussitôt. Il se dirigea au hasard du côté des montagnes et se mit à la recherche du serviteur de Dieu. Il parcourut les vallées, les gorges profondes et les défilés étroits, et ce ne fut qu'au bout d'une très longue course qu'il finit par découvrir la solitude du saint religieux.

Il entra dans la grotte; il trouva Benoît assis. Ils se donnèrent mutuellement le salut fraternel en Dieu, et se mirent à causer des choses du ciel.

Au bout d'un moment, le pieux ecclésiastique dit à Benoît :

« Je vous ai apporté des aliments, nous allons les manger ensemble. »

Le saint religieux refusa d'abord, disant qu'il ne voulait pas interrompre le jeûne dont il s'était fait une règle rigoureuse.

Mais le bon prêtre lui dit :

« Mon frère, c'est aujourd'hui le grand jour de Pâques; non seulement l'Église nous permet de suspendre le jeûne, mais encore elle nous en fait un devoir; nous devons nous réjouir de la résurrection de Notre-Seigneur. »

Pour achever de vaincre la résistance de Benoît, le bon ecclésiastique ajouta :

« C'est par ordre de Dieu que je suis venu avec ces aliments. »

En apprenant la grande solennité du jour, qu'il ignorait, et pour pratiquer la vertu d'obéissance qu'il enseigna plus tard à ses disciples, et qu'il eut soin d'inscrire dans sa règle, Benoît consentit à prendre le repas que lui apporta le curé. Après avoir loué Dieu et béni les aliments, ils les mangèrent tout en continuant de s'entretenir des choses du ciel.

Le repas terminé, comme le jour était sur son déclin et que la nuit approchait, le saint prêtre prit congé du jeune religieux, et partit pour rentrer à son presbytère de Monte-Preclaro.

V

COMMENCEMENT DE LA VIE PUBLIQUE DE SAINT BENOIT

C'est à partir de ce jour que se manifesta publiquement Benoît, c'est de ce jour-là que date la fondation de l'ordre des Bénédictins; c'est à partir de ce jour que, inspiré et guidé par le Saint-Esprit, il composa sa règle momastique, cette règle qui satisfait les forts par sa force, et qui encourage les faibles et les soutient par sa douceur, sa modération et sa discrétion.

Benoît lui-même, sa vie et sa règle, qui sont deux miroirs qui se reflètent l'un dans l'autre, furent l'objet des complaisances de Dieu. Comme nous le verrons dans le cours de ce récit, Dieu donna toujours au saint patriarche la victoire dans les luttes qu'il eut à soutenir contre l'esprit infernal. Il lui donna également toujours la puissance de corroborer sa règle par une sanction miraculeuse.

Mais reprenons notre récit.

Dès le lendemain de ce jour mémorable que Dieu avait fait, comme le chante l'Église le saint jour de Pâques : *Hæc est dies quam fecit Dominus,* où tant de douces joies s'épanouirent dans les entretiens du pieux pasteur de Monte-Preclaro et du saint jeune homme; dès le lendemain de ce jour, disons-nous, des bergers, qui faisaient paître leurs troupeaux dans les vallées et sur les coteaux environnants, apurçurent au loin une ombre ou quelqu'un qui allait et venait. Ne distinguant pas ce que cela pouvait être et très intrigués, ils se dirigèrent de ce côté. Comme Benoît était couvert d'une peau de bête, à sa vue, ne sachant ce qu'il en était, ils furent tout d'abord effrayés. Ils crurent ou à un animal d'une espèce inconnue jusqu'alors, ou à un sauvage qui s'était égaré.

Benoît leur adressa la parole. Quand les bergers virent que c'était un homme comme eux, et surtout quand ils entendirent qu'il parlait leur langage, ils n'eurent plus peur;

au contraire, ils s'approchèrent de lui, l'entourèrent avec joie, ils l'écoutèrent avec plaisir, et ils furent complètement rassurés.

Ils annoncèrent partout qu'il y avait dans les montagnes de Sublaco un religieux qui prêchait la parole de Dieu. La nouvelle s'en répandit rapidement, même au loin. Dès lors, tous les jours, Benoît vit accourir et se grouper autour de lui une foule considérable de personnes de tous rangs et de toutes conditions qui venaient l'entendre parler de Dieu et écouter ses instructions sur les moyens de pratiquer toutes les vertus.

C'était pour elles une satisfaction, et même elles se faisaient un devoir de lui procurer les choses nécessaires à la vie et aux besoins du corps. En échange, disent ses biographes, le saint religieux leur donnait les aliments bien plus précieux dont leurs âmes avaient besoin.

Émus par les admirables paroles de Benoît, tous ceux, parmi ces multitudes, qui vivaient éloignés de Dieu résolurent de revenir à lui par une vie plus régulière et plus conforme à la loi divine. Beaucoup même demandèrent à embrasser l'état religieux et à revêtir l'humble habit du moine.

De toutes ces merveilles qu'accomplissait Benoît, en travaillant avec tant de zèle et surtout avec une si merveilleuse efficacité à la glorification du nom de Dieu et au salut des âmes, le démon conçut un dépit qui allait jusqu'à la fureur. Il résolut de tout tenter pour éteindre ce flambeau qui inondait les âmes de lumière, ce foyer ardent qui embrasait les cœurs du feu de l'amour de Dieu.

Il se mit immédiatement à l'œuvre. Il commença par se métamorphoser en merle. Il se mit à voltiger avec une persistance agaçante autour du pauvre moine. Il s'approcha plusieurs fois de sa figure, à tel point que Benoît aurait pu le prendre très facilement avec la main.

Que croyait-il obtenir par cette manœuvre? où voulait-il en venir? Lui seul le savait.

Un jour, pour le chasser, Benoît fit sur lui le signe de la croix. Tout aussitôt le merle disparut, pour ne plus reparaître jamais.

C'est alors que, sans se décourager, l'ennemi implacable de Dieu et des hommes employa contre le jeune moine un moyen puissant et terrible qui faillit lui donner la victoire. Il lui envoya une violente tentation de la chair, où sa grande vertu de pureté courut le plus grand danger.

Le saint jeune homme allait donner satisfaction à ses désirs; c'en aurait été fait de lui, tout aurait été perdu. Dieu, qui le destinait à de grandes choses, ne l'abandonna pas : il vint à son secours. Il lui donna la force de reprendre sur lui son empire et de résister avec les armes de la foi à ce rude assaut.

Que fit-il pour vaincre son ennemi, éteindre cette passion qui le dévorait et remporter ainsi une brillante victoire qui le rendrait à tout jamais maître de lui-même?

A côté de sa grotte, il y avait un champ plein de chardons, de ronces et de plantes épineuses. Il se dépouilla de ses vêtements, et, le corps complètement nu, il se roula dans ce champ, jusqu'à ce que son corps fut tout en sang et ne présenta plus qu'une plaie. Ainsi, par la douleur excessive, il éteignit le feu d'une passion coupable que Satan avait attisée dans ses membres.

Ce sacrifice héroïque que Benoît venait de faire fut si agréable à Dieu, que non seulement le bon religieux n'eut plus aucune tentation, mais encore il fut maître de toutes les vertus et il les enseigna aux autres. Beaucoup de personnes demandèrent à vivre sous son obéissance [1].

L'esprit malin ne se lassait cependant pas. Il chercha à attenter aux jours de celui qu'il appelait le maudit.

A Vico-Varo, près de Sublaco, il y avait un couvent dont le père abbé venait de mourir. Ayant entendu parler beaucoup de Benoît, les moines de ce couvent le prièrent de se mettre à leur tête et de les gouverner. Benoît refusa d'abord, soit par humilité, soit qu'il prévît ce qui arriva. Les religieux ayant renouvelé leurs instances plusieurs fois, le saint religieux finit par céder à leurs sollicitations. Il se rendit donc au couvent de Vico-Varo : il y trouva de grands abus.

[1] Plus de six cents ans après, étant venu visiter la grotte de saint Benoît, le séraphique saint François embrassa et baisa ces ronces et ces épines, et, faisant dessus le signe de la croix, il les changea en des roses qui ont depuis servi à donner la santé à quantité de malades.

Saint Benoît fait le signe de la croix sur une coupe empoisonnée.

La vie de ces religieux était rien moins qu'édifiante. Il voulut porter remède aux graves désordres qui régnaient dans ce monastère et les faire cesser immédiatement. Il avait conçu sa règle, il s'appliqua à la faire pratiquer. Son énergie se brisa contre la résistance obstinée de ces moines, qui ne voulurent pas revenir à une vie plus régulière. Ils préférèrent leur vie déréglée à une vie plus conforme à l'esprit monastique.

Ils en vinrent presque tous jusqu'à s'irriter de la sévérité de l'abbé qu'ils s'étaient donné. Ils regrettèrent vivement de l'avoir mis à leur tête et de l'avoir fait venir de Sublaco pour les diriger. Le joug de la règle qu'il leur imposait leur devenait de plus en plus lourd et insupportable. Ils résolurent entre eux de se débarrasser à tout prix et par tous les moyens de cette autorité tyrannique.

Après avoir bien cherché et bien examiné comment ils pourraient arriver à leur but, ils ne trouvèrent pas d'autre moyen que le crime. Ils n'hésitèrent pas : ils complotèrent entre eux qu'au repas le plus prochain ils présenteraient à leur supérieur un breuvage empoisonné.

Ils mirent leur infernal projet à exécution. Mais Dieu veillait sur les jours de son serviteur : il fit avorter cette criminelle entreprise et donna une fois de plus à Benoît la victoire sur son ennemi.

Lorsque le vase de verre qui contenait le poison fut présenté à la table de l'abbé, pour qu'il fût béni selon l'usage, Benoît étendit les mains et fit le signe de la croix. A ce simple signe, le vase se rompit comme s'il se fût brisé contre une pierre. Ce verre qui contenait la mort n'avait pu recevoir le signe de vie.

Le saint abbé connut ainsi la tentative criminelle de ces religieux et le danger auquel il venait d'échapper par la protection évidente de Dieu. Il n'en éprouva ni émotion pour lui-même, ni indignation, ni colère; mais il eut de la pitié pour les coupables.

Conservant son plus grand calme et sa plus complète tranquillité d'esprit, il se leva et dit aux frères réunis :

« Que le Dieu tout-puissant vous pardonne, mes frères. Pourquoi vouloir me traiter de la sorte? Ne vous ai-je pas dit, dès le principe, que nous ne pourrions pas vivre ensemble? Cherchez un abbé qui puisse vous convenir, car désormais ne comptez plus sur moi. »

Leur ayant dit cela, il retourna dans sa solitude, dit saint Grégoire; il y vécut seul avec lui-même.

Dieu venait de faire échouer le projet infernal formé contre la vie de son jeune serviteur. Comme nous l'avons dit, et nos lecteurs ont pu déjà le constater, ils le verront en outre d'autres fois, Dieu assure toujours la victoire de Benoît sur l'esprit malin.

VI

LES DOUZE MONASTÈRES DE SUBLACO

La réputation de Benoît grandissait de jour en jour, elle se répandait de plus en plus au loin.

Sa sœur Scholastique fonda le monastère de Plombariole, à une lieue et demie de la grotte de Sublaco, pour que son frère pût le diriger avec plus de facilité.

Benoît reçut un grand nombre de demandes d'hommes et de jeunes gens qui voulaient embràsser la vie religieuse, être dirigés par lui et vivre sous son obédience.

Pour satisfaire les désirs de tous, il fonda douze monastères, qui, très peu éloignés les uns des autres, étaient groupés autour de sa grotte. Ils semblaient lui former, pour ainsi dire, un diadème ou une auréole monacale.

Dans chacun de ces couvents, il plaça douze religieux sous l'autorité d'un abbé, tout en en conservant lui-même la haute direction.

Quant à lui, il continua à résider dans sa grotte. D'autres constructions y ayant été élevées pour compléter les services, Sublaco devint un couvent dont Benoît se réserva complètement la direction. Il prit avec lui quelques disciples pour les former spécialement et d'une manière plus parfaite. C'est à cette école supérieure bénédictine que se formaient les futurs abbés désignés plus tard pour diriger les monastères qui se créaient de tous côtés et sur plusieurs points de l'Europe.

Sa grande réputation de sainteté se répandit rapidement à Rome. Plusieurs grandes familles de la capitale du monde lui confièrent leurs enfants, pour qu'il les formât à la vertu et à la piété. D'aucuns de ces jeunes gens devinrent ses disciples et se vouèrent à la vie religieuse. C'est ainsi qu'il eut sous sa direction Maur et Placide, à peine âgés l'un et l'autre d'une dizaine d'années. A son école ils devinrent des saints, fondèrent et dirigèrent des monastères avec une grande sagesse. Saint Placide même eut les honneurs du martyre.

Nous avons dit que chacun de ces douze couvents était gouverné par un abbé, et que saint Benoît s'en était réservé la haute direction. Il les visitait tous successivement, il indiquait à l'abbé ce que les religieux avaient à faire et précisait ce dont ils devaient s'abstenir.

C'est ainsi qu'il réglait et qu'il réformait.

Il recueillait les différentes observations qu'il faisait dans ses visites. Merveilleux médecin de l'âme, il procédait comme les plus habiles et les plus expérimentés médecins du corps : il veillait à l'hygiène monacale des couvents, surveillait la santé générale des âmes de ses religieux. Si une maladie s'emparait de l'un d'eux, il en étudiait le diagnostic et lui appliquait un remède.

Voilà comment et par quels moyens il fit cette règle monastique merveilleuse bien connue sous le nom de règle de saint Benoît.

C'est un code admirable de sagesse, de prudence, de douceur et de discrétion; il régit depuis plusieurs siècles les ordres religieux, et les communautés qui se fondent de nos jours vont s'y inspirer pour rédiger leurs statuts. Nous l'avons dit déjà, mais nous ne saurions trop le redire, cette règle, qui est un vrai miracle, est douée comme son auteur des sept dons du Saint-Esprit; elle satisfait les forts par sa force, et elle encourage et console les faibles par sa douceur et sa discrétion.

Aussi, par les miracles nombreux que Dieu a accordés à Benoît pour faire observer sa règle, on pourra voir qu'il en faisait l'objet de ses complaisances et qu'il la regardait comme très utile au bien des âmes et très profitable pour le salut de ceux qui la pratiqueraient.

Rien n'échappait à l'attention du saint patriarche. Dans la vie des moines et dans l'intérieur des couvents, il voyait jusqu'aux plus petits détails, qu'il ne négligeait pas.

Et le démon rôdait toujours autour de ces couvents. Il guettait les religieux, comme on le lit dans les saints livres : *Quærens quem devoret,* « cherchant celui qu'il pourra dévorer. » A chaque instant on constatait sa présence par quelque acte méchant.

Un religieux de ces douze couvents se fit remarquer tout d'un coup par une grande froideur à l'accomplissement de ses devoirs et par l'indifférence toujours croissante qu'il témoigna dans les exercices de piété.

Il avait contracté une singulière habitude : aussitôt que l'exercice de l'oraison commençait à la chapelle, il sortait subitement, pour ne pas y prendre part. On aurait dit que quelqu'un l'entraînait au dehors.

Le pèrè abbé et d'autres religieux de son couvent lui en firent l'observation. Il la reçut avec une grande soumission et promit de se corriger. Le lendemain il faisait exactement comme la veille.

Le Père abbé, désespérant de pouvoir corriger ce moine récalcitrant, en prévint le Père Benoît, qui se rendit immédiatement au monastère. Seul, en effet, il pouvait guérir cette maladie.

Il admonesta le religieux indiscipliné, qui promit comme d'ordinaire de se corriger.

Le Père Benoît se douta de quelque machination du malin esprit. Pour s'en assurer, il resta au couvent jusqu'au lendemain. Il voulut y assister à la messe et se rendre compte par lui-même de ce qui se passerait.

Après la messe, le Père Benoît fit sur le religieux le signe de la croix et lui appliqua un des articles de sa règle qui porte que, dans certains cas, on devra, pour chasser le malin esprit, employer les corrections corporelles. Cette fois encore, il triompha de son ennemi.

Quand les religieux lui adressaient une requête pour lui demander quelque chose, il examinait d'abord si la demande était faite avec l'humilité voulue et ensuite si elle était raisonnable et juste; dans ces conditions, il y donnait satisfaction.

Trois de ces douze couvents se trouvaient situés sur une montagne escarpée; ils étaient encore assez éloignés de la rivière de l'Anio et des sources d'eau qui alimentaient les autres couvents.

Les religieux qui étaient dans ces trois résidences avaient de grandes difficultés pour se procurer l'eau qui leur était nécessaire. Ils exposèrent simplement, humblement, leur situation au Père Benoît en le priant de voir s'il ne pourrait pas remédier à cet état de choses.

Le Père Benoît se rendit le lendemain à ces couvents. Après un examen minutieux il vit que la demande de ses frères était juste. Il voulut leur donner satisfaction. Toutefois il voulut mettre à l'épreuve et leur foi et leur vertu d'obéissance.

Il plaça trois petites pierres l'une sur l'autre sur un rocher et se retira, sans rien dire, dans sa résidence. Il envoya dire ensuite aux religieux de donner un coup de marteau à l'endroit où il avait mis les trois pierres, ce qu'ils firent avec empressement et ponctualité. Aussitôt une eau limpide, fraîche et abondante, jaillit du rocher, à la grande joie et surtout à la grande admiration des religieux.

Dans ce miracle accompli par saint Benoît, on peut trouver l'application de plusieurs points de sa règle : la profonde humilité des religieux, leur foi et leur abandon complet en Dieu et enfin leur obéissance instantanée, complète, sans discussion ni irrésolution ni doute. Ils ont frappé le rocher aussitôt qu'ils ont connu l'ordre de Benoît.

Benoît, lui, ne varie pas, chacun de ses actes est dirigé par la charité, et à son accomplissement il pratique la plus profonde humilité. Ainsi, dans le miracle que nous venons de rapporter, il s'est arrangé de manière à ne pas être présent au moment où l'eau a jailli du rocher, pour ne pas recevoir les remerciements et entendre les éloges qui certainement lui auraient été adressés.

Quand un de ses frères se trouvait dans la peine et qu'il avait du chagrin, le bon Père compatissait à sa douleur, et, s'il le pouvait, il en faisait disparaître la cause. La charité, qu'il recommandait spécialement à ses religieux, il la pratiquait lui-même le premier et en donnait l'exemple.

Un jour, un jeune Goth qui était novice, était occupé à défricher un coin de terre. C'était son office; en faisant ce travail, il pratiquait la vertu d'obéissance à ses supérieurs, qui lui en avaient donné l'ordre. En voulant briser un rocher pour l'arracher par morceaux, son marteau de fer se détacha du manche et alla se jeter dans le lac, qui était très profond. Ainsi brusquement désarmé, le jeune novice fut dans une grande peine.

Le Père Benoît vit de loin ce qui se passait.

Il alla vers le novice, lui prit des mains le manche du marteau, et, s'avançant sur les eaux jusqu'au milieu du lac, il plaça la pointe du manche sur la surface de l'eau. Le marteau, quoique lourd, remonta du fond du lac à la surface, et de lui-même alla s'adapter au manche. Le Père Benoît rendit le marteau au novice en lui disant de reprendre simplement son travail.

Un fait plus tragique, non moins merveilleux et ayant quelque analogie avec le précédent, se produisit peu de jours après. Le lecteur trouvera là une application de la vertu d'obéissance tant recommandée par Benoît dans sa règle.

Sur l'ordre du père, le jeune Placide prit un vase un peu grand, et pour le remplir d'eau se dirigea vers le lac. Soit qu'il prît mal ses précautions, soit que le vase plein fût beaucoup trop lourd pour lui, il fut entraîné. Le pauvre enfant tomba à l'eau. Il fut rapidement porté loin du bord. Il allait se noyer.

L'homme de Dieu, dans sa cellule, connut aussitôt l'accident. Il ordonna à Maur de courir au plus vite au secours de Placide.

Maur partit, arriva jusqu'à l'enfant, le prit par les cheveux et le retira de l'eau.

Ce ne fut qu'après être revenu vers le Père que Maur se rendit compte de ce qu'il venait de faire : là seulement il s'aperçut qu'il avait marché sur les eaux du lac comme sur la terre ferme, soit en allant jusqu'à Placide, soit en le ramenant. Alors il en témoigna et son admiration et sa reconnaissance au Père, à qui il fit remonter tout le mérite de ce miracle. Le saint patriarche répondit :

« Mon frère, c'est à vous seul que revient cette faveur de Dieu, à cause de votre obéissance la plus absolue. »

Par humilité, Maur et Benoît se renvoyaient de l'un à l'autre le mérite de ce miracle.

Placide les fixa tous les deux sur ce point en disant :

« Au moment où je suis sorti de l'eau, il m'a semblé voir, au-dessus de ma tête, le vêtement de peau du Père abbé. »

Comme nous l'avons fait remarquer, dans ces trois miracles que nous venons de rapporter, on trouve, comme toujours, l'application des principes formulés et des vertus recommandées dans la règle dictée à ses disciples par le saint patriarche.

En effet, il y recommande la correction corporelle pour les fautes persistantes.

Il fait une recommandation très spéciale de l'obéissance complète, instantanée et aveugle.

Et enfin, une fois de plus, il pratique la charité et toutes les vertus diverses qui convergent vers l'humilité, qui, à ses yeux, est la plus grande et la première de toutes les vertus.

La paix de l'âme et la bonne harmonie régnaient parmi les religieux des douze monastères, et la foule des fidèles qui accouraient près du Père grossissait tous les jours. Le diable en conçut une fois de plus un violent dépit. Il résolut de tenter encore de faire échec au saint patriarche.

Cette fois, il se servit d'un nommé Florentius, mauvais prêtre des environs, qui le seconda pleinement dans ses mauvais desseins.

Jaloux de voir que dans les environs et même au loin on lui préférait le Père, et que le saint religieux avait seul la gloire et le profit de cette préférence, ce Florentius résolut de se débarrasser de lui et de ses religieux.

Il s'attaqua d'abord au Père.

Prenant des allures hypocrites et sous les dehors de la charité, il lui envoya du pain. Ce pain était empoisonné.

Le bon religieux, devant celui qui lui portait ce pain, et pour ne pas manquer à la charité par une dénonciation, fit semblant d'ignorer ce qu'il savait très bien. Il remercia avec effusion celui qui lui apportait ce petit présent. C'est ainsi qu'à un acte abominablement criminel, revêtu d'un simulacre de charité, le saint patriarche répondit par un autre acte de profonde et sublime charité en ne voulant pas que le crime odieux de ce misérable prêtre fût connu et de ses religieux et de celui qui portait le pain.

Il ne voulut pas néanmoins manger cette nourriture.

Qu'arriva-t-il, et que fit le saint religieux?

Voilà comment le raconte saint Grégoire :

« A l'heure de son repas un corbeau avait l'habitude de venir de la forêt voisine pour recevoir du pain de sa main. Quand il vint à l'heure ordinaire, Benoît prit le pain du prêtre et le jeta devant le corbeau en lui disant : « Au nom de Notre-Seigneur Jésus-« Christ prends ce pain et va le jeter dans « un lieu éloigné où personne ne puisse le « trouver. » Aussitôt le corbeau, ouvrant le bec et battant des ailes, se mit à courir autour du pain et à croasser, comme s'il eût dit clairement qu'il voulait bien obéir, mais qu'il ne pouvait pas cependant exécuter ces ordres. L'homme de Dieu lui renouvela plusieurs fois le même commandement, en lui disant : « Prends-le sans crainte et porte-« le où on ne puisse le trouver. » Le corbeau hésita encore longtemps ; piquant enfin le pain, il l'enleva et disparut. Il revint trois heures après sans le pain, et il reçut du Père Benoît sa pitance accoutumée. »

De cet acte criminel commis par ce prêtre, le bon patriarche conçut un très vif chagrin. Toutefois une épreuve encore bien plus douloureuse l'attendait : voyant que ses tentatives dirigées spécialement contre Benoît étaient invariablement combattues par une puissance plus forte que la sienne, et que par conséquent elles étaient toutes frappées d'insuccès, l'esprit du mal résolut, pour changer d'objectif, d'attaquer les religieux, surtout les jeunes. Ne pouvant terrasser le pasteur, il voulut détruire le troupeau : il suggéra à ce Florentius, qui était son digne lieutenant, une idée infâme et odieuse. Il la mit pleinement à exécution.

Florentius, n'ayant pas de prise sur les corps, s'attaqua aux âmes des religieux. Il ne recula même pas devant la perspective d'en perdre plusieurs à la fois. Pour assouvir sa haine et sa jalousie, il mit à exécution un moyen odieusement infernal par son immoralité.

Nous nous abstiendrons d'en donner les détails et d'en rapporter ici toutes les circonstances, ne voulant pas faire rougir nos lecteurs. Tout ce que nous pouvons dire, c'est que Florentius espérait ainsi perdre en même temps et le troupeau et le pasteur.

Voyant cela et comprenant que c'était à lui seul que ce mauvais prêtre en voulait, saint Benoît assura d'abord d'une façon durable l'organisation administrative de ses douze couvents. Il fixa lui-même leurs fonctions à chacun des religieux. Puis, emmenant avec lui quelques pères et quelques frères, il quitta son cher Sublaco, berceau de sa vie monastique, pour aller fonder un autre couvent au Mont-Cassin.

Il céda ainsi la place à son ennemi.

Par cette détermination, Benoît donna à ses religieux l'exemple d'une vertu toujours inscrite dans sa règle : le détachement des biens de ce monde. L'homme vraiment pénétré de l'esprit de Dieu ne doit pas avoir d'autre patrie que le ciel. Il ne doit avoir d'attachement pour aucune résidence. Il doit aller avec empressement partout où il est appelé à résider, et, y aurait-il passé plusieurs années, il doit quitter son monastère pour un autre quand il en reçoit l'ordre, non seulement avec indifférence et insouciance, mais encore avec joie, puisque c'est la volonté de Dieu.

Donc le Père Benoît et ses religieux se transportèrent au Mont-Cassin pour fuir Florentius.

Ce Florentius fut terriblement châtié de ses crimes : installé sur le balcon de sa maison, qui dominait un profond ravin, il y prenait l'air après son repas; il jouissait là d'une vue magnifique sur la campagne. Tout d'un coup, sans que rien ne le fît prévoir, un grand craquement se fit entendre. Ce fut le balcon qui s'effondra et Florentius fut précipité dans le ravin. Son corps, écrasé par les matériaux, fut réduit en une bouillie horrible à voir.

Maur, que le Père Benoît avait laissé à la tête d'un de ses couvents de Sublaco, fut le premier à connaître l'accident. Aussitôt il courut auprès du Père Benoît pour le lui annoncer et l'engager à revenir à son ancienne résidence. Puisque son ennemi était mort, il n'avait plus rien à redouter de lui.

En racontant ce dramatique événement, Maur manifestait, sinon une grande joie, du moins une satisfaction non dissimulée. Le saint patriarche lui en fit un vif reproche et lui infligea une pénitence sévère à laquelle Maur se soumit avec humilité.

Au contraire de son disciple, en entendant le récit de l'accident, saint Benoît eut un grand chagrin et versa d'abondantes larmes de douleur: d'abord parce que Florentius était son ennemi, et ensuite une mort dans ces conditions ne pouvait laisser que des doutes et même des craintes sérieuses sur le sort de cette âme.

Il arriva donc au Mont-Cassin, où il ne commença pas une nouvelle vie, mais où il la continua, et sur un champ nouveau.

VII

SAINT BENOIT AU MONT-CASSIN

D'après une note de E. Cartier, traducteur des dialogues de saint Grégoire, ce fut en 529 et à l'âge de quarante-neuf ans que saint Benoît quitta Sublaco pour aller au Mont-Cassin, dans l'ancien royaume de Naples.

Saint Grégoire nous dit que, sur le flanc d'une haute montagne qui s'élargit pour le recevoir, était situé le village de Cassin.

A l'époque où Benoît y arriva, il y avait encore au sommet de la montagne un temple d'Apollon, tout autour un bois sacré et un nombre assez considérable d'idolâtres qui rendaient un culte à ces fausses divinités.

Saint Benoît démolit statue, bois sacré et

tout ce qui rappelait le paganisme. Du temple païen il fit un temple chrétien, qu'il mit sous le vocable de saint Martin. Les populations idolâtres, évangélisées par lui et ses religieux, se convertirent presque aussitôt à la religion catholique.

Le démon, toujours de plus en plus furieux des progrès que faisait le christianisme grâce à saint Benoît, et ayant vu disparaître ces derniers vestiges de l'idolâtrie, apparut au bon religieux sous les dehors d'un monstre horrible qui le menaçait avec la bouche et les yeux enflammés et lui criait :

« Benoît ! Benoît ! sois maudit et non bénit ! Que me veux-tu ? Pourquoi me persécutes-tu ? »

Benoît et ses religieux apportèrent la vie et l'activité au Mont-Cassin.

Chaque jour le démon, pour le harceler, lui suscitait une entrave ou provoquait un accident. Mais on verra qu'il fut le plus faible dans cette lutte, et que toujours Benoît, protégé par Dieu, remportait la victoire et annihilait les efforts de son ennemi.

Les religieux, aussitôt arrivés dans leur résidence, se mirent avec ardeur à défri-

Vue du Mont-Cassin.

cher les terres incultes et à construire leurs monastères.

Le démon les visitait souvent.

Un jour, ils eurent à remuer et à mettre en place une pierre d'un certain volume et d'un certain poids, qui pourtant n'était pas énorme. Deux ou trois hommes au plus auraient pu la mettre en place, il n'en fut pas ainsi ; ils eurent beau se mettre à plusieurs, employer tous les moyens, mettre en action les machines les plus puissantes, ils ne purent arriver à la déplacer d'une ligne. On aurait dit que quelqu'un pesait dessus d'un poids écrasant. Benoît vit cela, comprit que le diable n'y était pas étranger. Il fit sur la pierre le signe de la croix : aussitôt, presque sans effort, les bons religieux purent très facilement mettre cette pierre en place.

Parfois l'esprit malin semblait narguer les bons religieux en leur faisant ce qu'on pourrait appeler des farces insignifiantes, mais qui démontraient qu'il ne les perdait jamais de vue.

Immédiatement après avoir mis leur fameuse pierre en place en présence du Père, ils creusèrent à l'endroit où ils se trouvaient. Ils mirent à nu une statue de bronze qu'ils portèrent et jetèrent négligemment sur le pavé de la cuisine. Aussitôt ils virent, ou plutôt il leur sembla voir une grande quantité de flammes se répandre dans la cuisine, ils crurent à un incendie, ils cherchèrent à l'éteindre en jetant le plus d'eau qu'ils purent. Ce que voyant de loin, le Père abbé accourut tout étonné, et ne vit pas la moindre flamme. Il soupçonna l'esprit malin de quelque maléfice; il ordonna à ses religieux de faire le signe de la croix sur leurs yeux, ils le firent immédiatement, et l'illusion de l'incendie disparut tout aussitôt.

Ce fut de la part de l'esprit malin presque une gaminerie, en comparaison de la méchanceté cruelle qu'il commit presque au lendemain.

En cette occasion, Dieu montra que, quoi que fasse le malin esprit, Benoît serait toujours le plus fort.

Voici la chose horrible que fit le démon :

Le Père abbé était dans sa cellule ; pendant que ses religieux travaillaient au dehors, le diable se présenta à lui et lui dit d'un air narquois, mais indiquant une mauvaise pensée et une menace :

« Je vais voir vos frères. »

Le saint envoya de suite un exprès prévenir les religieux de se tenir en garde contre le malin esprit, qui allait venir à eux.

Le messager n'eut pas plus tôt fini de parler, qu'un mur d'une grande hauteur, en construction, s'écroula, et dans sa chute écrasa un novice, fils d'un officier de la cour.

Les religieux furent très affligés de cet accident, non pas tant à cause de la chute du mur, qu'il faudrait reconstruire, qu'à cause de la mort de leur jeune frère.

Benoît, averti, ordonna qu'on lui apportât le corps. L'écrasement avait été si complet, qu'on fut obligé de mettre les restes du pauvre novice dans un sac pour pouvoir les porter au Père.

Le saint patriarche fit vider le sac sur la natte où il faisait ses oraisons, il fit sortir tout le monde et resta seul ; il pria avec tant d'ardeur, que le jeune novice fut ramené à la vie, et put, sur l'ordre de son supérieur, aller incontinent reprendre son travail.

Dans cette circonstance mémorable, Dieu fit Benoît plus fort que le démon.

Le Père Benoît ne fut pas seulement thaumaturge, mais, comme nos lecteurs vont le voir, il fut encore prophète. Dieu lui donna la faculté de voir les choses se passer au loin comme s'il fût présent. Dieu ne voulut pas que son serviteur pût être trompé. De plus, il lui donna la faculté de surveiller ses religieux lorsqu'ils allaient au dehors pour remplir un office quelconque. De son couvent il voyait si ses religieux, ne se doutant pas qu'ils étaient surveillés, ne commettaient pas d'infraction à la règle.

Voici plusieurs exemples :

Il arrivait fréquemment que les religieux étaient obligés de sortir pour les besoins du couvent. La règle était formelle: défense rigoureuse était faite à tout religieux de manger ou de boire, si peu que ce soit, en dehors du monastère, à moins qu'il ne se trouve à une distance du couvent telle, qu'il lui soit impossible de rentrer dans la journée.

Un jour, deux religieux qui étaient sortis

s'attardèrent plus qu'ils n'avaient prévu. S'étant arrêtés chez une femme pieuse et charitable, ils y mangèrent et burent ce qu'elle leur présenta.

Rentrés au couvent, avant d'aller se coucher, ils demandèrent, suivant la règle, la bénédiction du Père. Alors saint Benoît les interrogea :

« N'avez-vous rien mangé, leur dit-il, en dehors du couvent? »

Ils répondirent qu'ils n'avaient rien mangé ni bu.

Benoît, qui savait le contraire, leur fit une remontrance en ces termes :

« Pourquoi mentez-vous? Vous vous êtes arrêtés chez une telle, vous avez mangé telle et telle chose, et vous avez bu tant de fois. »

Les religieux, voyant que Dieu ne voulait rien laisser ignorer à leur Père abbé, se jetèrent à ses genoux, lui demandèrent pardon de leur désobéissance et de leur mensonge. Benoît les pardonna, et ils n'eurent plus envie de renouveler leur infraction à la règle.

Un autre fait du même genre se produisit.

Il y avait un village peu éloigné du couvent, qui était exclusivement peuplé d'idolâtres convertis depuis peu au christianisme; quelques religieuses y habitaient également. Benoît leur envoyait fréquemment de ses disciples pour leur faire des instructions et des exhortations pour le bien de leurs âmes.

Un jour, le moine chargé de cette mission céda aux sollicitations et aux insistances plusieurs fois renouvelées : il accepta de ces religieuses des mouchoirs qu'il dissimula sous sa robe, avec l'intention de les garder pour son service personnel.

Quand il fut de retour au couvent, il ne dit rien. Le Père l'appelle et lui adresse une verte admonestation en ces termes :

« Comment l'iniquité est-elle entrée dans votre cœur ? »

Le religieux ne pensait plus à ces mouchoirs, il fut tout étonné de cette vive apostrophe. Le Père continua :

« N'étais-je pas présent alors que vous avez reçu des mouchoirs de ces servantes de Dieu et que vous les avez cachés dans votre sein ? »

Le religieux alors se prosterna à ses pieds,

se repentit de sa faute, et jeta les mouchoirs qu'il avait cachés.

Saint Benoît, dans sa règle, insiste en effet et beaucoup sur l'esprit de pauvreté. Non seulement les religieux ne doivent avoir rien à eux, mais encore, pour les objets en usage dans le couvent, ils ne doivent avoir ni attachement ni préférence pour aucun en particulier.

Non seulement Benoît exerçait cette surveillance incessante sur ses religieux, mais encore sur ceux qui, n'étant pas au couvent pour y vivre, y étaient cependant affiliés par certaines pratiques.

Le frère du moine Valentin était laïque et très pieux, il habitait un pays assez distant du couvent. Une fois par an il se rendait au monastère pour voir son frère et aussi s'entretenir avec le Père abbé des choses du ciel, de ce qui pouvait être utile au salut de son âme et enfin pour recevoir sa bénédiction.

Ce voyage était pour ce jeune homme un véritable pèlerinage de dévotion. De convention avec le Père Benoît, il avait fait vœu d'effectuer à pied, sans boire ni manger, le trajet relativement long entre sa résidence et le couvent. Il ne manqua à son engagement qu'une fois, voici dans quelles circonstances :

En route il rencontra un voyageur qui se présenta à lui avec des dehors de grande bonhomie, disant qu'il allait dans la même direction que lui. Le voyageur était très loquace, très expansif; la conversation s'engagea, les deux compagnons de route y prirent goût. Le voyageur avait avec lui des provisions, il offrit de les partager avec son compagnon. Le frère du moine refusa deux fois l'invitation. Ils vinrent à passer dans un pré très ombragé et où coulait une eau fraîche et limpide. L'endroit paraissait délicieux pour se reposer des fatigues de la route. Le voyageur proposa une troisième fois de faire halte et de prendre un repas. Il faut le dire une fois de plus, la route avait été longue, le lieu était charmant, tout incitait au repos. Le frère du moine se laissa gagner, et mangea de ce que lui offrit l'aimable voyageur.

Quand il fut arrivé au couvent, le Père abbé lui reprocha sa faiblesse en lui faisant savoir qu'il connaissait toutes les circonstances et tous les détails de son voyage. Le jeune homme reconnut humblement sa faute. Il se jeta aux genoux du Père et promit d'être plus ferme une autre fois et plus constant dans ses résolutions.

VIII

COMMENT EXHILARATUS SE FIT MOINE. — BENOIT LIT DANS LES CONSCIENCES

Exhilaratus, que saint Grégoire, en racontant ce miracle, appelle « notre cher Exhilaratus », se convertit et devint un des disciples de saint Benoît, voici à la suite de quelles circonstances.

Il était au service d'un maître qui lui remit deux flacons de vin à porter en offrande au Père Benoît. Le serviteur, porteur de ces deux flacons, se dirigea vers le monastère pour s'acquitter de la commission. Comme il savait que son maître n'avait pas averti le Père de cet envoi, poussé par la gourmandise, il cacha un des flacons sur sa route, de manière à le retrouver à son retour et pouvoir s'en abreuver et surtout en savourer le contenu, supposant bien que ce devait être un vin extraordinairement exquis.

Ne manifestant aucun embarras, prenant,

au contraire, un air aimable et empressé pour mieux dissimuler sa petite supercherie, Exhilaratus remit au Père Benoît cet unique flacon. Le Père Benoît connaissait le détournement de ce serviteur infidèle, mais il ne fit tout d'abord rien connaître. Il accepta le flacon, et naturellement remercia le porteur et le chargea de remercier aussi beaucoup son maître qui l'envoyait.

Exhilaratus joua, paraît-il, très bien son rôle; il se retira pour s'en retourner. Déjà il se réjouissait intérieurement à la pensée que bientôt il allait boire un flacon d'excellent vin.

Benoît le laissa partir sans lui rien dire; mais, quand il fut à une certaine distance, il le rappela comme pour lui donner pour son maître une commission qu'il avait oubliée.

Quand Exhilaratus fut de nouveau près de lui, Benoît, d'un air bon et sur un ton bienveillant, qui avait pourtant une petite pointe d'ironie, lui dit :

« Prends garde, mon fils, de boire du flacon que tu as caché; mais penche-le avec précaution, et tu verras ce qu'il contient. »

Le jeune homme rougit de honte d'être ainsi découvert. En retournant chez son maître, il alla à l'endroit où il avait caché le flacon. Suivant la recommandation du Père, il le prit avec précaution, le déboucha, le pencha pour verser du vin ; il en sortit un serpent.

Exhilaratus comprit très bien qu'il avait commis plusieurs fautes dans cette même action; il alla demander pardon au Père de ce qu'il venait de faire, et quelques jours après il entra au couvent et devint un très bon religieux.

Comme nous l'avons déjà dit, la règle de Saint-Benoît était particulièrement et évidemment agréable à Dieu, parce qu'elle était conforme à ses vues et de plus parce qu'elle était le vrai code complet de la perfection chrétienne. Aussi Dieu donna-t-il à Benoît les moyens les plus puissants pour lui assurer l'obéissance de la part de ses religieux. Nous savons par ce que nous venons de raconter que le saint homme pouvait voir ce que faisaient au loin ses religieux. Dieu ne trouva pas ce moyen suffisant au grand conducteur d'âme, il lui donna la puissance de lire dans les cœurs et de connaître les pensées les plus intimes qui pourraient venir à l'esprit de ses religieux.

Voici un fait :

Un soir, le Père prenait son repas, un religieux lui tenait la lampe pendant qu'il mangeait. Benoît avait établi cette règle, non par orgueil pour lui et pour se rehausser en se faisant servir, mais pour fournir à ses religieux un moyen de plus de pratiquer l'humilité.

Le soir dont nous parlons, le religieux qui lui tenait la lampe était fils d'un avocat de Rome. Il concevait de l'orgueil de cette origine plus que plébéienne; il trouvait avilissant pour lui, fils d'avocat, d'être ainsi l'humble serviteur et, pour ainsi dire, l'esclave d'un homme. Il se disait intérieurement :

« Quel est celui que je sers à table ? Je tiens sa lampe comme un esclave; suis-je donc fait pour lui obéir ? »

Il n'eut pas plus tôt formulé en lui-même cette pensée, que l'homme de Dieu le regarda ; il lui fit de sévères reproches en lui disant :

« Faites le signe de la croix sur votre cœur, mon frère; que murmurez-vous en vous-même? Faites le signe de la croix sur votre cœur. »

Ayant dit cela, Benoît appela d'autres religieux et leur ordonna de lui prendre la lampe des mains pour qu'il cessât son office et qu'il allât se reposer à l'instant même.

Les religieux, ignorant ce qui s'était passé, interrogèrent leur frère.

« J'ai eu, dit-il, une pensée d'orgueil. Je me suis senti humilié de faire office d'esclave, et j'ai murmuré en moi-même contre le Père. »

Il parut évident dès lors aux religieux que rien ne pouvait échapper au saint homme. « Ses oreilles, comme dit saint Grégoire, entendaient même les pensées les plus secrètes. »

Voici quelques faits qui prouvent que le nom de Benoît avait au loin un grand retentissement.

Non loin de Naples, en l'église d'Aquin, gouvernée par le vénérable évêque Constance, un clerc était possédé et vivement tourmenté de l'esprit du mal. Pour obtenir sa guérison, l'évêque lui fit visiter un grand nombre de sanctuaires de martyrs. Tout fut inutile. Enfin il prit le parti de l'envoyer à saint Benoît.

Le saint moine invoqua le nom de Jésus-

Christ et délivra le clerc du démon qui le possédait, puis il lui dit :

« Allez, mon fils, mais maintenant ne mangez pas de viande, et surtout gardez-vous bien jamais de vous faire ordonner ; car, le jour où vous aurez la témérité de recevoir les saints ordres, vous retomberez aussitôt sous le pouvoir du démon. »

Pendant les premières années, le jeune clerc suivit les prescriptions de saint Benoît. Il jouit dès lors de la plus complète tranquillité pendant longtemps.

Mais ses supérieurs étant tous morts, et pensant que la longueur du temps avait annulé la défense du Père Benoît, il passa outre et entra dans les ordres ; tout aussitôt il fut de nouveau saisi par le malin esprit, qui ne le quitta plus et le tourmenta jusqu'à ce qu'il lui eût arraché la vie.

Une autre fois, le serviteur du père d'un illustre personnage nommé Antoine, fut atteint d'une sorte de lèpre. Tous ses poils tombaient, les chairs étaient tuméfiées, et la pourriture s'en échappait de toutes parts. Le maître de ce serviteur l'envoya au Père Benoît, qui le guérit immédiatement.

IX

SAINT BENOIT ET LE ROI DES GOTHS. — PRÉDICTIONS

Totila, à la tête des Goths dont il était le chef et le roi, envahissait l'Italie et se disposait à marcher sur Rome pour s'en emparer. Il entendit parler de Benoît et de ses nombreux miracles. Il voulait savoir s'il était vraiment un homme aussi extraordinaire que le proclamait la renommée. Comme pour marcher sur Rome il passait à une petite distance du monastère, poussé par la curiosité, il résolut de s'arrêter pour voir cet homme dont on parlait tant, et même s'entretenir avec lui.

Il se dirigea donc avec toute son escorte vers le Mont-Cassin. En route, il lui vint à l'idée de mettre à l'épreuve la prescience que la rumeur publique attribuait au religieux ; il choisit un de ses écuyers nommé Riggo, il le revêtit de tous les ornements et des insignes royaux. Pour que l'illusion fût plus complète, il le fit entourer de ses trois seigneurs : Vultéric, Rudéric et Blindin, qui d'habitude composaient sa cour.

L'escorte ainsi composée, Riggo se dirigea donc vers le monastère de Benoît. Le saint religieux, assis devant la porte de sa cellule, les aperçut de très loin. Quand ils furent à portée de sa roix et qu'il put se faire entendre, il cria au pseudo-roi :

« Quittez, mon fils, quittez tout ce que vous portez, cela ne vous appartient pas. »

Riggo et les seigneurs qui l'accompagnaient, très surpris et saisis de respect, se prosternèrent aux pieds du bon moine, qui les releva et les bénit. Ils retournèrent à Totila, à qui ils racontèrent ce qu'ils venaient de voir.

Totila alors, avec toute son escorte, se rendit auprès du patriarche. Quand il fut à une courte distance de lui, par respect il ne voulut pas s'avancer davantage et se prosterna. Quoique le Père l'eût invité par trois fois à se relever, Totila resta toujours prosterné. Il fallut que le Père lui-même allât vers lui pour le relever. Il se rendit dans la cellule du saint moine; sur invitation, il s'assit près de lui.

Le vénérable patriarche prédit ce qui devait lui arriver. Il lui dit entre autres choses ceci :

« Vous faites beaucoup de mal, vous en avez beaucoup fait, tâchez de modérer enfin vos iniquités. Vous entrerez dans Rome, vous passerez la mer, vous régnerez neuf années, et vous mourrez la dixième. »

Il en arriva à Totila comme Benoît le lui avait prédit.

Le saint moine fit encore sur Rome une prophétie que rapporte son illustre biographe.

Saint Benoît recevait fréquemment et avec plaisir la visite de l'évêque de Canuse, pour lequel il avait beaucoup d'estime à cause de sa sainteté. Volontiers il s'abandonnait en conversant avec lui.

A propos de Totila, l'évêque dit à Benoît :

« Ce roi détruira tellement la ville, qu'elle deviendra inhabitable. »

Benoît répondit :

« Rome ne sera pas détruite par les étrangers; mais elle sera tellement ravagée par les tempêtes, les orages, les tremblements de terre, qu'elle périra d'elle-même. »

Les choses arrivèrent comme Benoît les avait prédites.

Voici une autre prédiction que fit le bon religieux, bien plus extraordinaire encore:

Le saint patriarche étant seul dans sa cellule, un noble appelé Théoprobe entra pour lui rendre visite. Ce noble, quoique n'étant attaché à la communauté par aucun lien, était admis dans l'intimité du Père abbé, parce qu'il avait été converti par lui à la religion catholique. Il était donc, on peut le dire, son fils spirituel. Du reste, le Père Benoît avait pour lui une affection vraiment paternelle.

Au moment donc où Théoprobe entra, il trouva le Père en proie à un grand chagrin et versant d'abondantes larmes. Très peiné de voir ainsi pleurer le bon Père, Théoprobe resta muet et immobile pendant un long moment, pour ne pas le troubler dans sa douleur.

Enfin il put lui adresser une question et

lui demander la cause d'un si grand chagrin.

Le saint lui dit :

« Tout ce monastère que j'ai construit et que j'ai préparé pour mes religieux, mes frères, le jugement du Dieu tout-puissant le livre aux infidèles. C'est à peine si j'ai pu obtenir que la vie des religieux fût accordée. »

Et, en disant cela, le pauvre Père se remit à pleurer.

La prophétie avait été accomplie comme saint Benoît l'avait annoncé. Le monastère a été détruit par les Lombards.

E. Cartier, dans une note de la traduction des Dialogues, dit :

« Le monastère du Mont-Cassin fut détruit en 583 et ne fut rebâti qu'en 716. Les religieux s'étaient refugiés à Rome et y bâtirent un monastère à Saint-Jean-de-Latran, sous le pontificat de Pélage II. »

X

CONFIANCE. — OBÉISSANCE. — CHARITÉ

Benoît eut en deux circonstances l'occasion de montrer à ses religieux comment il fallait entendre la vertu de confiance en Dieu et d'abandon entier de soi-même en sa providence, vertu qu'il recommande dans sa règle et qu'il ordonne de pratiquer.

En 539, quatre ans avant la mort de saint Benoît, une famine désola toute l'Italie et particulièrement la Campanie. Le blé manqua au couvent, les pains même avaient été tous mangés : il n'en restait plus que cinq pour toute la communauté. Les pères, les frères étaient tristes.

Benoît leur reprocha doucement leur peu de confiance, et, pour les rassurer, il leur dit :

« Pourquoi vous attrister ainsi de ce

manque de pain? Aujourd'hui vous en avez bien peu, mais demain vous en aurez en abondance. »

Le lendemain, en effet, sans savoir d'où ils venaient, on trouva devant le couvent deux cents boisseaux de farine dans des sacs. A cette vue, les religieux remercièrent le Seigneur et apprirent à ne plus douter de l'abondance même en temps de disette.

Dans le même temps, pour soulager les malheureux, le Père avait distribué toutes les provisions du couvent : il ne restait plus au cellier qu'un peu d'huile au fond d'une bouteille en verre. Le sous-diacre Agapit en demanda avec tant d'insistance, qu'on finit par lui en donner un peu.

Benoît, sachant ce qui se passait et résolu à donner tout sur terre pour conserver tout dans le ciel, ordonna au moine cellerier de donner au sous-diacre le peu d'huile qui restait.

L'ordre du Père ne fut pas exécuté.

Quelque temps après, Benoît demanda au religieux s'il avait remis l'huile au sous-diacre, comme il le lui avait commandé. Le cellerier répondit que non, parce qu'il avait craint qu'elle fît faute au couvent.

Benoît fut très indigné de cette désobéissance. Il dit alors à d'autres religieux de prendre la bouteille qui contenait encore de l'huile et de la jeter par la fenêtre, afin que dans le couvent il ne restât rien par le fait de la désobéissance.

Les religieux exécutèrent immédiatement l'ordre reçu. Sous la fenêtre était un grand précipice tout hérissé de rochers. La bouteille de verre y tomba sans se briser. Le fait parut aux religieux vraiment miraculeux, d'autant plus que la bouteille ne portait aucune trace de sa chute et que pas une goutte d'huile ne s'était échappée.

L'homme de Dieu la fit ramasser et remettre telle qu'elle était au sous-diacre. Il réunit ensuite les frères, et devant tous il reprocha au religieux qui lui avait désobéi son défaut de foi et son orgueil.

Après cette réprimande, le Père se mit à prier, et aussitôt le fait merveilleux suivant se produisit :

Dans la salle même où il était avec les frères qui priaient avec lui, se trouvait un tonneau complètement vide. Pendant que le

Père priait, le tonneau se remplissait d'huile au point que le couvercle fut soulevé et que l'huile débordant coula sur le pavé. Le Père s'en aperçut et arrêta sa prière. Il recommanda au frère d'avoir plus de foi et d'humilité.

Voilà comment le saint fondateur de l'ordre des Bénédictins, après l'avoir inscrite dans sa règle, enseigna à ses religieux la grande vertu de confiance en Dieu.

Presque chaque jour un fait nouveau venait témoigner du haut crédit dont Benoît jouissait auprès de Dieu.

Voici un fait bien extraordinaire raconté par saint Grégoire :

Un riche propriétaire des environs de Terracine, homme d'une grande foi, vint prier le Père Benoît de lui donner quelques-uns de ses religieux pour construire un couvent sur ses terres, ce qui fut accordé.

Le Père choisit les religieux, désigna l'abbé et le prieur et leur dit :

« Allez chez cet homme et attendez-moi là. Je vous y rejoindrai tel jour, et je vous indiquerai où vous devez bâtir. »

Au jour fixé, les disciples attendirent et

ne virent pas venir le Père ; ils s'en étonnèrent.

La nuit suivante, abbé et prieur eurent exactement le même songe. Le Père Benoît leur apparut, leur indiqua l'emplacement de la chapelle, du réfectoire, de l'hôtellerie pour les étrangers et des cellules pour les religieux du nouveau couvent.

A leur réveil, ils se communiquèrent leur songe l'un à l'autre; néanmoins ils n'y attachaient pas toute l'importance qu'il fallait.

Ils attendirent encore ce jour-là l'arrivée de leur Père. Comme il ne vint pas, le lendemain, ils retournèrent vers lui pour savoir la cause de ce retard. Arrivés près de lui, ils lui dirent sur un ton de tristesse :

« Père, nous vous avons attendu ; nous pensions que vous viendriez, comme vous nous l'aviez promis, pour nous montrer la place où nous devons construire, et vous n'êtes pas venu. »

Benoît leur dit : « Pourquoi, mes frères, pourquoi dites-vous cela? Ne suis-je pas venu, comme je vous l'ai promis ? »

Ils lui demandèrent : « Quand êtes-vous venu ? »

Il leur répondit : « Ne vous ai-je pas apparu à tous les deux pendant votre sommeil, et ne vous ai-je pas désigné en détail les emplacements ? Allez et construisez tous les bâtiments du monastère comme vous l'avez entendu en songe. »

Les disciples furent remplis d'admiration. Ils retournèrent au lieu choisi et construisirent tous les bâtiments selon le plan comme il leur avait été révélé.

La parole de Benoît avait auprès de Dieu une très grande efficacité et une portée considérable. Une simple menace de lui avait quelquefois la valeur d'un arrêt et recevait un commencement d'exécution.

Deux religieuses d'origine patricienne vivaient chez elles, non loin du monastère de Benoît. Outre le religieux qui allait leur porter la nourriture de l'âme, il y avait un homme de bien qui pourvoyait à leurs besoins matériels, nourriture et autres.

Ces religieuses avaient une langue d'une intempérance inouïe, et par leurs discours déplacés elles irritaient fréquemment cet homme de bien.

Il s'en plaignit d'abord à elles, les menaçant de porter ses griefs jusqu'au Père Benoît. N'ayant obtenu d'elles aucune modération dans leur langage, l'homme alla les dénoncer au Père.

L'homme de Dieu leur envoya dire : « Corrigez votre langue; car si vous ne changez pas, au nom de Dieu je vous excommunierai. »

Il ne prononça pas l'excommunication, il en fit seulement la menace.

Néanmoins, elles moururent quelques jours après. Dieu donna un commencement d'exécution aux simples menaces du Père Benoît.

Le saint religieux dut intervenir auprès de Dieu pour obtenir leur pardon.

Un fait à peu près analogue se produisit pour un jeune religieux quelques jours après. Ce qui prouve l'importance considérable que la parole de Benoît avait auprès de Dieu.

Benoît veillait avec un soin particulier sur ses religieux, non seulement pour qu'ils observassent ponctuellement la règle dans toutes ses prescriptions, mais il veillait sur eux pour les garantir d'un danger quelconque, matériel ou moral. Sa surveillance s'exerçait sur les tentatives de l'esprit malin.

Quand un moine avait franchi les épreuves du noviciat et lorsqu'il était certain de sa vocation, Benoît faisait les plus grands efforts pour le retenir s'il demandait quelque jour à quitter le couvent, car alors il était convaincu que le pauvre religieux subissait l'influence pernicieuse du démon.

C'est ce qui arriva.

Un de ses religieux demanda à quitter le couvent; le Père refusa son consentement. Le moine insista, renouvela sa demande pendant plusieurs jours; il en vint même à un grand nombre de sollicitations qui devenaient de plus en plus pressantes. Pour forcer définitivement le Père à lui ouvrir les portes du cloître, il se livra à une grande dissipation.

Le Père, voyant cela, ne se contenta pas de le laisser sortir, il le chassa.

A peine le pauvre moine fut-il sorti du monastère, qu'il aperçut dans le chemin un dragon effrayant qui se dressait contre lui, la gueule ouverte. A la vue de ce monstre qui semblait vouloir le dévorer, saisi et tremblant de frayeur, il se mit à crier de toutes ses forces :

« Au secours! au secours! ce dragon veut me dévorer ! »

Les frères accoururent et ne virent pas le dragon, mais ils ramenèrent le moine plus mort que vif au monastère, et le bon religieux promit bien de ne plus demander à sortir.

Depuis longtemps le dragon se tenait près du religieux pour l'obséder. Le moine ne le voyait pas, Benoît le lui montra et le sauva d'un grand danger.

XI

CHARITÉ

Quand l'occasion s'en présentait, Benoît allait au secours de ceux qui éprouvaient des embarras d'argent.

Voici un fait que son disciple Pérégrinus a raconté à saint Grégoire, qui l'a consigné dans son livre.

Un brave bomme devait douze sous d'or. A cette époque le sou d'or valait vingt-cinq deniers d'argent et équivalait à vingt-deux francs de notre monnaie. C'était donc une somme de deux cent soixante-huit francs qui lui était réclamée. Le créancier était très rigide et se déclarait décidé à user de tous les moyens en son pouvoir pour rentrer dans ce qui lui était dû. Le pauvre débiteur se désolait, il n'avait pas le plus petit commencement de la somme, et il se voyait à la veille d'être dépouillé d'une portion de ses biens.

L'idée lui vint d'aller trouver le Père Benoît et de lui exposer la pénible situation où il se trouvait.

Il se rendit donc au monastère et eut un entretien avec le saint homme. Les larmes dans les yeux et avec l'accent d'un réel désespoir, il lui dit le cruel embarras dans lequel il était. Il supplia le bon Père de venir à son secours, et le plus tôt possible, car c'était très urgent.

L'homme de Dieu lui répondit :

« Mon fils, je comprends votre peine ; je ne puis à l'instant même vous tirer de votre embarras, car je n'ai pas d'argent. Venez dans deux jours, je verrai ce que je pourrai faire. »

Le brave homme se retira avec un grand espoir dans le cœur.

L'homme de Dieu se mit en prière pendant ces deux jours pour demander l'argent nécessaire à cet homme.

Le deuxième jour, un de ses religieux

trouva sur le coffre qui contenait le blé du monastère un sac qui avait été posé là comme par hasard. Sans examiner le contenu, le religieux porta ce sac au Père, qui l'ouvrit. Il y trouva treize sous d'or. Immédiatement il les fit porter chez le solliciteur en lui disant :

« Payez les douze sous que vous devez, et gardez le treizième pour vos besoins personnels. »

Ce fut de la part du saint abbé un grand acte de charité envers le prochain et une grande leçon d'abnégation et d'esprit de pauvreté qu'il donna à ses religieux.

Tout près du couvent demeurait un homme qui était en butte à l'œuvre d'un ennemi fort méchant. Ce vindicatif voisin poussa sa haine si loin, qu'il mit secrètement du poison dans ce que devait boire sa malheureuse victime. Ce poison ne causa pas la mort; mais il changea tellement la couleur de la peau de celui qui l'avait bu, que le corps semblait couvert de la lèpre. On conduisit le malade à Benoît, qui lui remit aussitôt la santé; à peine le toucha-t-il, que toutes les taches de sa peau disparurent.

Ce fut encore pour le saint homme une occasion de faire un acte de charité, il ne la laissa pas s'échapper.

Un jour qu'il se rendit à l'oratoire de Saint-Jean, situé au haut de la montagne, il fit la rencontre du vieil et implacable ennemi des moines, qui se cachait sous les apparences d'un vétérinaire. Il portait des remèdes et des entraves. Le saint religieux l'interrogea en lui disant :

« Où vas-tu ? »

Le démon répondit :

« Je vais donner une potion aux frères. »

Le Père continua sa route et alla prier à l'oratoire Saint-Jean. Mais il eut hâte de rentrer au monastère, car il craignait quelque maléfice du démon.

Ce fut avec juste raison. Un peu avant d'arriver, en effet, il trouva le mauvais esprit faisant souffrir un vieux moine qui allait puiser de l'eau.

Le pauvre religieux était jeté à terre, piétiné et violemment frappé.

Le Père lui donna un soufflet, et le frère fut ainsi délivré.

Sur une question du diacre Pierre, saint

Grégoire, en lui répondant, nous enseigne ceci :

Ceux qui sur la terre sont intimement unis à Dieu, lorsque les circonstances le demandent, opèrent des miracles de deux manières :

Quelquefois ils les font en vertu de la prière, quelquefois en vertu de leur puissance.

Et, à ce propos, l'illustre biographe de saint Benoît rapporte les deux grands miracles suivants. Le premier est dû à la puissance du saint, le second à sa prière.

Comme l'avait annoncé Benoît, Totila, roi des Goths, à la tête d'une armée considérable, envahissait l'Italie. Il accumulait ruines sur ruines et répandait la désolation sur son passage. Lui-même, ses officiers et aussi ses soldats, étaient des partisans très exaltés de l'erreur d'Arius. Aux chrétiens restés fidèles à la saine doctrine de l'Église catholique, ils faisaient endurer des supplices qui rappelaient les plus mauvais jours des persécutions qui ont affligé l'Église naissante.

Parmi les lieutenants de ce roi barbare, un nommé Zalla se faisait remarquer par sa cruauté. Quand il rencontrait un chrétien fidèle à l'Église catholique, et surtout un clerc ou un moine, impitoyablement il le mettait à mort, souvent lui faisant endurer de cruels tourments.

Dans une localité assez éloignée du Mont-Cassin, quoique dans la même région, il rencontra un villageois qui lui avait été signalé comme possédant une somme assez importante en or qui constituait sa fortune.

Poussé par l'avidité du pillage et par une grande convoitise, il s'empara du pauvre villageois. Par droit de conquête, il voulait lui prendre son trésor. Sur le refus que lui opposa le paysan de lui indiquer où il l'avait déposé, Zalla lui fit subir de cruels supplices.

Vaincu par la douleur, le malheureux villageois finit par déclarer à son bourreau qu'il avait remis tout ce qu'il possédait entre les mains du Père Benoît, pour que sa petite fortune fût ainsi en sûreté

A cette époque, en temps de guerre, les églises et les couvents étaient inviolables. Tous ceux qui parvenaient à s'y réfugier avaient la vie sauve. Zalla foula aux pieds cette convention.

Depuis la visite de Totila au monastère, le nom du Père Benoît était très connu dans les rangs de son armée. Zalla, autant par convoitise que par curiosité, enjoignit au paysan de le conduire auprès du moine, qu'il ne connaissait pas.

Il fit garrotter le paysan avec des liens très forts et très serrés; puis, montant lui-même à cheval, il obligea le malheureux à marcher à pied devant lui.

Quand ils arrivèrent au couvent, le Père Benoît, assis devant la porte, était occupé à lire.

Le pauvre villageois était exténué de fatigue, il avait les bras tout meurtris; il dit à Zalla en lui montrant le religieux :

« Voici l'abbé Benoît dont je vous ai parlé. »

Zalla chercha à effrayer le bon moine, comme il faisait à ceux qui tombaient en son pouvoir. Il jeta d'abord un regard très méprisant et très hautain sur lui; puis, élevant considérablement la voix et sur un ton plein de brutalité, il lui commanda :

« Allons, debout! debout! et rends à ce paysan ce que tu en as reçu. »

Benoît, à cette grossière injonction, n'éprouva aucune émotion, la voix de ce soudard ne lui fit pas peur; il leva tranquillement les yeux sur lui, puis il dirigea ses regards sur le pauvre paysan.

Dès le premier coup d'œil du serviteur de Dieu, les liens qui serraient fortement les bras de cet homme se détachèrent, les nœuds nombreux qui semblaient inextricables se dénouèrent successivement les uns après les autres avec une régularité et une facilité qui émerveillèrent les témoins de cette scène.

Voyant les liens tomber aux pieds du paysan d'une façon si merveilleuse, Zalla fut saisi d'une surprise voisine de l'effroi. A la vue d'une si grande puissance, il se prosterna jusqu'à terre, il inclina avec humilité sa tête orgueilleuse et insolente aux pieds de Benoît, et se recommanda à ses prières.

Le saint, restant assis, continua sa lecture avec la même impassibilité; il ordonna à ses religieux de conduire le lieutenant de Totila dans le couvent, et de lui rendre tous les devoirs de l'hospitalité.

A son retour, Benoît l'avertit de ne plus se livrer à une cruauté si insensée.

Zalla, complètement vaincu, se retira; il laissa aller le paysan en toute liberté, et se garda bien surtout de lui réclamer ce qu'il possédait.

Le miracle suivant, non moins extraordinaire que le précédent, fut obtenu par l'ardente prière de Benoît.

L'homme de Dieu était aux champs dès la matinée pour aider les frères à activer des travaux qui pressaient. Il se trouvait à une assez grande distance du cloître.

Arrive au monastère un paysan qui portait sur ses épaules le cadavre d'un enfant qui venait de mourir. Il dépose son funèbre fardeau devant la porte du couvent. Le malheureux père était fou de douleur de la mort de son fils; il demande à parler au Père Benoît. Il lui fut répondu que le Père n'était pas là, qu'il était assez loin dans les champs.

Le pauvre homme n'hésita pas: il courut dans la direction où était le Père, il l'aperçut enfin au loin, alors il ne courut plus, il vola, et quand il fut assez près pour se faire entendre, il lui cria avec l'accent de la plus grande douleur :

« Rendez-moi mon fils ! rendez-moi mon fils ! »

L'homme de Dieu, qui ne savait pas encore ce dont il s'agissait, lui dit :

« Eh quoi ! vous ai-je ôté votre fils ? »

Le paysan répondit :

« Il est mort ! venez, ressuscitez-le. »

Le serviteur de Dieu fut très contristé en l'entendant.

« Retirons-nous, dit-il, mes frères, retirons-nous, ce n'est pas à nous, c'est aux saints apôtres à faire ces choses. Pourquoi vouloir imposer des fardeaux que nous ne pouvons porter ? »

Le paysan ne se découragea pas, il persista dans sa demande et déclara au Père qu'il ne sortirait pas du couvent que son fils ne fût ressuscité.

Le Père lui demanda :

« Où est-il ? »

Le paysan lui dit :

« Je l'ai déposé devant la porte de votre couvent. »

L'homme de Dieu dit aux frères :

« Cet homme est vraiment plein de foi, allons vers le cadavre de son fils. »

Ils se dirigèrent donc vers le couvent, et trouvèrent en effet le corps de cet enfant qui gisait à terre.

Saint Benoît se mit à genoux, se pencha sur le corps de l'enfant, puis se leva. Il tendit les mains au ciel en disant :

« Seigneur, ne considérez pas mes péchés, mais la foi de cet homme qui demande la résurrection de son fils; rendez à ce petit corps l'âme que vous en avez retirée. »

A peine cette prière fut-elle terminée, que l'âme, en revenant, fit tressaillir le corps de l'enfant à la vue de tous les assistants, qui remarquèrent cette secousse et ces mouvements miraculeux.

Benoît prit l'enfant par la main et le rendit au père, vivant et bien portant.

De tous ces miracles dont nous venons de faire le récit, il ressort ce fait indéniable, c'est que l'œuvre de saint Benoît, c'est-à-dire la fondation de l'ordre des Bénédictins, fut particulièrement agréable à Dieu, et elle fut l'objet de ses complaisances.

Nul doute que le Saint-Esprit n'ait éclairé particulièrement le saint abbé pour la conception de sa règle monacale, qui, on ne saurait le répéter assez, est un vrai chef-d'œuvre.

Dieu a prodigué à son serviteur les moyens humains et surhumains pour surmonter les obstacles qui se dressaient devant lui.

Que voyons-nous en effet ?

Benoît sort toujours victorieux des attaques et des embûches du démon, à ce point que, désespérant de jamais être le plus fort, le malin esprit s'écrie, dans sa fureur, en s'adressant à son ennemi :

« Ne sois pas béni, *benedictus;* mais sois maudit, *maledictus.* »

C'est surtout la règle monastique de son serviteur qui trouve en Dieu un puissant appui.

Chacun de ses miracles est une application, une mise en pratique d'une vertu inscrite dans la règle que les religieux doivent suivre.

Pour que le vénérable patriarche puisse avoir la main à la plus rigoureuse observance de cette règle, non seulement Dieu lui donne une grande puissance de surveillance dans son couvent, mais encore il lui accorde une double vue, de sorte que, tout en étant au monastère, il peut surveiller ses religieux en mission quelconque hors du couvent et s'assurer s'ils ne violent pas la règle. Vous avez pu voir avec quelle sévérité il corrige les réfractaires.

Il semble cependant que Dieu trouve qu'il n'a pas encore assez fait pour son fidèle Benoît, il veut le favoriser d'un don de plus, et il lui donne la faculté de lire dans les consciences les pensées les plus intimes; vous l'avez vu pour ce jeune novice, fils d'avocat, qui tenait le flambeau au Père pendant qu'il soupait.

Toutes ces choses sont autant de témoignages du grand crédit que Benoît avait de son vivant auprès de Dieu.

XII

DERNIÈRE ENTREVUE DE SAINT BENOIT ET DE SAINTE SCHOLASTIQUE — MORT DE SAINTE SCHOLASTIQUE

Saint Benoît pour lui-même était d'une rigueur excessive dans l'observation de la règle du monastère. Il tenait surtout à donner l'exemple de l'obéissance.

Nous n'avons, soit par les biographes, soit par les documents, que très peu de renseignements sur la vie de sainte Scholastique, sœur de saint Benoît. Tout ce que nous savons se réduit à ceci :

Vouée à Dieu dès son berceau par son père, qui lui donna pour cela le nom de Scholastique, la jeune fille, apprenant la détermination de son frère, méprisa comme lui les richesses qu'il lui abandonnait ; elle dédaigna de recueillir ce que Benoît avait foulé aux pieds. Comme son frère, elle se consacra à la vie religieuse.

Elle fonda le couvent de Plombariole, à environ à peine une lieue et demie de distance du Mont-Cassin. L'histoire ne nous dit pas si ce fut là qu'elle fit son entrée et ses débuts dans la vie religieuse. Toujours est-il qu'elle fonda ce monastère, et qu'elle choisit une région peu éloignée du Mont-Cassin, afin que son frère, qui avait une grande réputation de sainteté, pût en avoir la haute direction spirituelle.

Dans ce qu'on appellerait aujourd'hui une grange, tout au moins dans un endroit couvert qui se trouvait à égale distance entre les deux résidences, une fois par an, le frère et la sœur, comme c'était convenu entre eux, se rencontraient; et là, en présence de religieux et de religieuses, s'entretenaient des choses de Dieu et du ciel et de ce qui concernait le bien de leurs âmes. C'est également dans ces entretiens solennels que Scholastique demandait à son frère des conseils, et que le Père Benoît lui indiquait les vertus à pratiquer et les moyens de les acquérir pour être une parfaite servante de Dieu.

La dernière entrevue du frère et de la sœur eut lieu le 6 février 543. Elle fut signalée par un miracle éclatant, dont saint Grégoire nous fait le récit. Voici ce qui se produisit :

Les deux saints personnages passèrent ensemble toute la journée à louer Dieu et à s'entretenir de choses saintes. Ce ne fut que lorsque la nuit les enveloppa de ses ombres qu'ils s'aperçurent que leur entretien avait duré plus longtemps que les autres fois. Ils prirent ensemble quelque nourriture, tout en continuant à parler de Dieu.

La sainte femme dit à son frère :

« Je vous prie de ne pas me quitter cette nuit, afin que nous puissions parler jusqu'au matin des joies de la vie céleste. »

Peut-être sainte Scholastique eut-elle le pressentiment de sa fin prochaine.

Benoît répondit :

« Que dites-vous là, ma sœur ? Je ne puis aucunement rester hors du monastère. »

La pieuse vierge conçut une vive peine du refus de son frère. S'appuyant sur la table, elle plongea sa figure dans ses mains croisées, et, dans cette attitude méditative, elle pria le Tout-Puissant pendant un instant. A ce moment, l'azur du ciel n'était troublé par aucun nuage, et le plus grand calme régnait dans l'atmosphère.

Aussitôt qu'elle eut terminé sa prière, elle releva la tête : à l'instant même il y eut un tel éclat de tonnerre et d'éclairs, un tel déluge de pluie, que ce fut une véritable inondation; il y eut autour de la maison une si grande quantité d'eau, qu'il fut absolument impossible à Benoît et à ses religieux de sortir, et par conséquent il ne fallut pas songer à rentrer au couvent.

Benoît en conçut une véritable tristesse; il ne put la dissimuler à sa sœur, et il s'en plaignit en ces termes :

« Que le Dieu tout-puissant vous pardonne, ma sœur ; qu'avez-vous fait ? »

Elle répondit :

« Je vous ai prié, et vous n'avez pas voulu m'écouter; j'ai prié mon Seigneur, et il m'a exaucée. Maintenant, sortez si vous le pouvez, laissez-moi, et retournez au monastère. »

Entrevue de saint Benoît et de sainte Scholastique.

Comme il est facile de le comprendre par ces dernières paroles, la pieuse religieuse éprouva une douce joie de voir sa prière exaucée et son désir accompli. Elle ne la cacha pas, elle prit même une attitude triomphante.

Ils veillèrent alors toute la nuit, se rassasiant de saintes paroles qu'ils se disaient l'un à l'autre.

Dans cette pieuse lutte entre le frère et la sœur, saint Benoît fut le plus faible et dut s'incliner devant le désir de sainte Scholastique. Il y a là un enseignement que nous fait ressortir saint Grégoire : « Selon la parole de saint Jean : « Dieu est charité » (I S. Jean, IV, 16), il résiste rarement aux prières d'une femme, dont le cœur est presque toujours plus aimant que celui de l'homme. En cette circonstance, Scholastique fut auprès de Dieu plus puissante que Benoît, parce qu'elle aima davantage. »

Après avoir donc passé la nuit entière dans de pieux entretiens, Scholastique retourna à son monastère et Benoît rentra à son couvent.

Trois jours après, l'homme de Dieu étant

dans sa cellule, occupé à prier près de la fenêtre, vit l'âme de sa sœur sortir de son corps et, sous la forme d'une colombe, s'élever dans les profondeurs du ciel. Benoît en fut ravi de joie, et il en rendit grâces à Dieu par des hymnes et des louanges. Il en annonça la nouvelle à ses frères ; il leur ordonna d'aller chercher le corps de sa sœur, et le fit déposer dans le tombeau préparé par ses ordres pour lui.

Comme cela arrive très fréquemment pour des jumeaux, le vénérable et saint patriarche ne tarda pas à rejoindre sa sœur au céleste séjour.

Dieu voulut unir leurs âmes dans la gloire et leurs corps dans la tombe, puisque, unis dès le sein de leur mère, ils ne se séparèrent jamais pour accomplir les œuvres de Dieu.

XIII

LA VISION DE SAINT BENOIT

En 536, saint Germain était évêque de Capoue. Dans cette délicieuse et riche province de la Campanie, le patrice Libère avait fait construire un monastère. Le diacre Servandus en était l'abbé ; pour la direction de ses religieux et l'administration de son couvent, le pieux abbé prenait ses inspirations vers saint Benoît et suivait ses conseils.

Fréquemment il se rendait au Mont-Cassin, et dans des entretiens avec le saint patriarche qui duraient de longues heures, ils « échangeaient ensemble, dit saint Grégoire, qui rapporte le fait, ces douces paroles de vie et cette suave nourriture de la patrie céleste, dont ils ne pouvaient pas jouir encore parfaitement, mais qu'ils goûtaient du moins en espérance ».

Un jour donc de l'année 536, Servandus se rendit au Mont-Cassin, il se fit accompagner de quelques religieux. Les entretiens des deux abbés se prolongèrent extraordinairement, à ce point que la nuit étant bien commencée, Servandus et ses religieux ne purent retourner le soir même au monastère, ils restèrent au Mont-Cassin jusqu'au lendemain.

Quand l'heure de se retirer pour prendre le repos de la nuit fut arrivée, Benoît choisit pour lui la cellule qui se trouvait tout à au sommet de la montagne, et donna à Servandus une chambre à un étage inférieur. Comme il y avait un escalier, les communications entre les deux étaient faciles.

Les religieux qui accompagnaient Servandus furent logés dans un bâtiment indépendant qui se trouvait en face de la tour.

Sous le délicieux climat de Capoue, autrefois si fameuse par son opulence et la richesse de ses productions, les nuits étaient presque toujours d'une beauté admirable.

Au lieu de prendre son repos, Benoît s'assit près de la fenêtre de sa cellule, et, plongeant ses regards sur la voûte céleste où scintillaient des millions d'étoiles, il fut de nouveau dans le ravissement que venaient de lui procurer ses entretiens avec Servandus sur les grandeurs et les beautés divines; il voulut prolonger cette douce contemplation jusqu'à l'heure des prières de la nuit.

Soudain une clarté se produisit par un rayon qui descendit du ciel. Elle fut plus vive et plus éclatante que celle du jour le plus brillant. A ce moment il se passa une chose extraordinairement surprenante. Benoît lui-même la raconta le lendemain à tous ses religieux.

Le monde entier fut présenté à ses yeux : il le vit parfaitement, il était ramassé dans un rayon lumineux comme ceux du soleil. Pendant qu'il contemplait avec une grande admiration ce merveilleux spectacle, il vit l'âme de Germain, évêque de Capoue, portée au ciel par des anges, dans un globe de feu.

Sous l'impression des choses extraordinairement belles qu'il voyait, il appela vivement jusqu'à trois fois l'abbé Servandus, qui était au-dessous de lui; il cria :

« Servandus, mon frère, Servandus, venez vite, montez, pour voir une chose admirable. »

Surpris dans son premier sommeil, Servandus se réveilla en sursaut, et sans se rendre un compte exact du motif pour lequel Benoît l'appelait, il monta précipitamment vers lui.

Il arriva quelques secondes trop tard, la vision du monde avait disparu; mais il put jouir, pendant un assez long temps, de la grande clarté qui régnait au firmament.

Benoît raconta à Servandus ce qu'il venait de voir : le monde ramassé dans un rayon de soleil, et l'âme de Germain, évêque de Capoue, portée au ciel par des anges sur un globe de feu.

Pour que le doute ne pénétrât pas dans l'esprit de qui que ce soit, et que tous les religieux fussent bien convaincus de la réalité non illusoire de l'événement, Benoît chargea le vertueux Théoprobe d'envoyer immédiatement un exprès à Capoue pour s'informer de ce qui venait de se passer. Il lui fut recommandé de prendre avec soin note des plus petits détails et de ne négliger aucune des moindres circonstances qu'il pourra recueillir sur la mort du bienheureux Germain.

Le messager, à son retour, rendit un compte très exact de tout ce qu'il avait appris; il constata principalement que le saint évêque avait rendu l'âme à l'instant même où Benoît l'avait vu porter au ciel sur le globe de feu.

XIV

MORT DE SAINT BENOIT

Peu de temps après la mort de sa sœur le saint patriarche reçut la récompense d'une vie passée entièrement au service et dans l'amour de Dieu.

Un soir, plusieurs jours avant sa mort, il était entouré de quelques religieux de sa résidence et de quelques autres de monastères étrangers venus pour le voir et s'entretenir avec lui des choses du ciel et des beautés de Dieu; il annonça à tous que dans peu de temps il allait quitter ce monde pour entrer dans l'éternité, où il pourrait contempler Dieu de plus près.

Aux religieux de sa résidence il recommanda de ne rien dire de la communication qu'il venait de leur faire.

Aux frères étrangers, comme ils étaient sur le point de partir pour rentrer dans leurs couvents, et par conséquent ne pourraient assister à ses derniers moments, il indiqua les signes auxquels ils reconnaîtraient que son âme avait quitté son corps.

Cette prédiction, faite avec une grande précision de date et de détails, tout en attristant les bons religieux qui l'écoutaient, ne laissa pas de provoquer en eux une grande surprise et une profonde admiration. Ils se disaient intérieurement : « Notre Père est véritablement un saint, il ira directement au ciel. »

Le 15 mars, Benoît fit ouvrir le tombeau qui contenait le corps de sa sœur. Elle y était ensevelie depuis seulement le 10 février précédent, c'est-à-dire depuis un mois et quelques jours.

Aussitôt le saint patriarche fut pris d'une fièvre violente qui le fatigua beaucoup. Ses forces physiques diminuèrent de plus en plus chaque jour.

Le sixième jour, c'est-à-dire le 21 mars, sentant que son âme allait prendre son essor pour s'envoler vers le céleste séjour, il se fit porter à la chapelle, et là, dit saint Grégoire, il prépara son passage à une autre vie par la réception du corps et du sang de Notre-Seigneur. Puis, continue saint Grégoire, appuyant ses membres défaillants sur les bras de ses disciples, il se tint debout les mains levées vers le ciel et rendit le dernier soupir au milieu de sa prière.

Saint Benoît mourut le 21 mars de l'année 543, à l'âge de soixante-trois ans, dont quarante-neuf de vie monastique.

Voici le récit de saint Grégoire sur ce qui se produisit au moment de la mort du saint patriarche :

« Le même jour deux religieux, l'un qui était du monastère et l'autre qui en était très éloigné, connurent sa mort par une même vision.

« Ils virent une route ornée de tentures et resplendissante d'innombrables lumières. Elle allait de la cellule de Benoît jusqu'au ciel dans la direction de l'orient. Un homme d'un aspect vénérable et tout lumineux leur demanda quelle était cette voie qu'ils apercevaient, et comme ils avouaient ne pas le savoir, il leur dit : « C'est la voie par laquelle

« Benoît, le bien-aimé du Seigneur, est monté « au ciel. »

« Les religieux éloignés virent les signes qui leur avaient été prédits par Benoît et apprirent ainsi la mort du saint patriarche, en même temps que les religieux qui en furent les témoins. »

Saint Benoît fut enseveli dans le même tombeau que sa sœur, dans l'oratoire de Saint-Jean-Baptiste, qu'il avait bâti après avoir renversé l'autel d'Apollon.

Saint Grégoire nous dit que plusieurs miracles se sont produits à la grotte de Sublaco après la mort du saint. Il cite, entre autres, une pauvre folle qui y recouvra la raison.

Après la règle de saint Benoît, le plus grand miracle qui a témoigné de la sainteté de la vie et de la mort du saint patriarche Benoît est sans contredit l'œuvre grandiose ou plutôt les œuvres grandioses accomplies par ses disciples depuis quatorze siècles.

FIN

TABLE

26002. — Tours, impr. Mame.

FORMAT IN-12 — 3e SÉRIE

BIBLIOTHÈQUE ÉDIFIANTE

ENFANTS DE LA BIBLE (les), par l'abbé Knell.
GROTTE DE LOURDES (histoire de la), par l'abbé A. Aubert.
JEUNES SAINTES (1re série), par M. l'abbé J. Knell, du diocèse de la Rochelle.
JEUNES SAINTES (2e série), par M. l'abbé J. Knell, du diocèse de la Rochelle.
LÉON XIII (histoire du Pape), racontée à la jeunesse, par l'abbé A. Aubert.
MARIE LECKZINSKA (vie de), par A.-B. de la Chaulne.
MERVEILLES DE PARAY-LE-MONIAL (les), par l'abbé A. Aubert.
MONTAGNE DE LA SALETTE (histoire de la), par l'abbé A. Aubert.
MORALE PRATIQUE, enseignée par l'exemple à la jeunesse française, par G. de Gérando.
NOTRE-SEIGNEUR JÉSUS-CHRIST (vie de), par M. l'abbé Verger.
SAINT ANTOINE DE PADOUE, par Joseph Boucard.
SAINT BENOIT (Vie et miracles de), par Joseph Boucard.
SAINT DOMINIQUE, par l'abbé Pradier.
SAINTE ÉLISABETH DE HONGRIE (histoire de), par D. S.
SAINT FRANÇOIS D'ASSISE, par M. l'abbé Verger.
SAINT FRANÇOIS DE PAULE, par M. l'abbé Pradier.
SAINT FRANÇOIS DE SALES, par Marsolier.
SAINT FRANÇOIS XAVIER (vie de), apôtre des Indes et du Japon.
SAINTE GENEVIÈVE, patronne de Paris (vie de), par D. S.
SAINT IGNACE DE LOYOLA (Vie de), par E. Peltier.
SAINT LOUIS, ROI DE FRANCE (histoire de), par de Bury.
SAINT LOUIS DE GONZAGUE (vie de), par le P. Virgile Cepari, traduite par M. Galpin.
SAINT MARTIN, ÉVÊQUE DE TOURS (Histoire populaire de), par N. Cruchet et A.-H. Juteau.
SAINTS PATRONS DE L'AGRICULTURE (les), par le comte de Grimouard de Saint-Laurent.
SAINTS PATRONS DE L'ENFANCE (les), par le comte de Grimouard de Saint-Laurent.
SAINT PAUL, APOTRE DES GENTILS (histoire de), par D. S.
SAINT PIERRE, PRINCE DES APOTRES ET PREMIER PAPE, par M. l'abbé Janvier.
SAINTE THÉRÈSE, d'après les auteurs espagnols et les historiens contemporains, par M. de Villefore.
SAINT VINCENT DE PAUL, instituteur de la congrégation de la Mission et des Filles de la Charité, d'après M. Collet.
SANCTUAIRES DES PYRÉNÉES (les). Pèlerinages d'un catholique irlandais; traduit de l'anglais de Denys-Shyne Lawlor, esq., par Mme la Ctesse L. de l'Écuyer.
SOUVENIRS DE CHARITÉ, par le comte de Falloux, de l'Académie française.
TRÈS SAINTE VIERGE (vie de la), par M. l'abbé Bourassé.
VIES DES SAINTS DE L'ATELIER (1re série).
VIES DES SAINTS DE L'ATELIER (2e série).
VISITES DES ANGES (les), traduit de l'anglais par W. Fitz-Gerald.

Tours. — Imprimerie Mame.

www.ingramcontent.com/pod-product-compliance
Ingram Content Group UK Ltd.
Pitfield, Milton Keynes, MK11 3LW, UK
UKHW031909260826
14628UKWH00003B/1092

9 782019 149826